# Rheumatologie
# Orthopädie

# 1

Rheumatologie
Orthopädie 1

Sportverletzungen
und Überlastungsschäden

Prävention, Diagnostik, Therapie,
Rehabilitation

Herausgeber: K. Steinbrück

CIBA-GEIGY VERLAG

Wehr 1992

Hinsichtlich der in diesem Buch angegebenen Dosierungen von Medikamenten usw. wurde von seiten der Autoren, Herausgeber und des Verlages mit größtmöglicher Sorgfalt vorgegangen. Dennoch wird der Leser aufgefordert, die entsprechenden Dosierungshinweise der Hersteller zu beachten.



Satz und Gestaltung: Fotosatz H. Strütt und W. Rünzi, 7860 Schopfheim
Druck: Repro-Druck GmbH, 7012 Fellbach 1

ISBN 3-929126-00-1

# Inhalt

K. Steinbrück

# Einleitung

Sport ist in unserer von zunehmender Freizeit geprägten Gesellschaft ein ganz wesentlicher Faktor, sowohl für Physis und Psyche des einzelnen, als auch allgemein für Gesundheitswesen, Wirtschaft, Politik, Wissenschaft, Ethik und Kunst. Sport in Maßen betrieben ist äußerst positiv. Verletzungen sind nicht immer zu vermeiden, und man schätzt die Zahl der jährlichen Sportunfälle in Deutschland auf ca. 2 Millionen oder 15–20% der Gesamtunfälle. Der Breitensport ist vielfach von Modetrends mitgezeichnet, Begriffe wie Fitness- und Joggingwelle, Bodybuilding, Aerobic, Stretching, Breakdance, Treckingtourismus oder Mountainbiking mögen als Beispiele stehen.

Überlastungsschäden werden naturgemäß vor allem beim Hochleistungssportler durch exzessive langzeitige und oft einseitige körperliche Beanspruchung auftreten. Verletzungen werden vielfach ungenügend auskuriert, Regenerationszeiten zwischen den Wettkämpfen sind viel zu kurz, und Maßnahmen zur Leistungssteigerung sind fast täglich in der Diskussion. Fast 90% seiner körperlichen Probleme hat der Sportler am Haltungs- und Bewegungsapparat. Es ist daher gerade für den Orthopäden eine wichtige Aufgabe, durch genaue Kenntnis der sportartspezifischen Bewegungsabläufe Möglichkeiten der Prävention zu erarbeiten und diese dem Sportler und Trainer weiterzugeben. Schäden sind vielfach sportartspezifisch und reichen von der Boxernase, über das Blumenkohlohr, von der Ringer- über die Werferschulter und den ulnaren Werferellenbogen bis zum radialen Tennisarm. Ein breites Wissen über die klinischen und apparativen diagnostischen Möglichkeiten ist ebenso von Bedeutung wie eine differenzierte Therapie. Beides ist bei Überlastungsschäden oft schwierig bzw. langwierig. Durch eine gezielte Rehabilitation, durch geschulte Krankengymnasten und Physiotherapeuten, hat sich jedoch eine breite Palette therapeutischer Möglichkeiten eröffnet.

K. Steinbrück

# Epidemiologie von Sportverletzungen

## Einführung

Ca. 40 Millionen Sporttreibende schätzt man in ganz Deutschland. Über 21 Millionen sind im Deutschen Sportbund (DSB) organisiert. Die Fußballer stehen mit über 5 Millionen mit Abstand an der Spitze, gefolgt von mehr als 3 Millionen Mitgliedern im Deutschen Turnerbund, 2 Millionen Tennisspielern und über 1 Million Schützen, Leichtathleten, Handballern und Surfern. Die Zahl der Skiläufer wird auf ca. 7 Millionen taxiert und die der freizeitmäßigen Langläufer, Jogger und Trimmer auf weit über 10 Millionen. Genauere Zahlen liegen nur für die alten Bundesländer vor.

Nach einer Studie von EMNID sind die am häufigsten betriebenen und beliebtesten Sportdisziplinen Schwimmen (36%), Radfahren (19%), Dauerlauf (15%), Fußball (12%), Tennis (10%), Wandern (10%), Gymnastik (10%), Kegeln (7%) und Skilaufen (6%).

## Eigene Untersuchungen

Über einen 15jährigen Zeitraum wurden über 15 000 Sportverletzungen behandelt und analysiert.

Eine Aufschlüsselung der 13 296 Sportler ergibt eine große Dominanz der Fußballspieler mit 4910 (36,9%). Mit weitem Abstand folgen alpine Skiläufer 1263 (9,5%), Handballer 1050 (7,9%) vor der deutlich wachsenden Zahl von Volleyballern 741 (5,6%). Leichtathleten sind 752 (5,5%), Turner 724 (5,4%) und Basketballer 609 (4,6%) registriert (Tabelle 1). Insgesamt gelangen 64 Sportdisziplinen zur Auswertung.

Neben diesen absoluten Zahlen ist es von Interesse, auch das Verletzungsrisiko in einzelnen Sportdisziplinen zu erarbeiten. Wir haben hier einen *Verletzungsfaktor* gewählt, bei dem wir die Relation zwischen den in der Klinik behandelten Sportverletzungen und den in unserer Region Nordwürttemberg bzw. Nordbaden Organisier-

| Sportart | Anzahl n | Anzahl % | organisierte Sportler Baden-Württemberg % |
|---|---|---|---|
| 1. Fußball | 4910 | 36,9 | 23,3 |
| 2. Skilauf | 1263 | 9,5 | 5,6 |
| 3. Handball | 1060 | 7,9 | 5,3 |
| 4. Volleyball | 741 | 5,6 | 1,7 |
| 5. Leichtathletik | 732 | 5,5 | 4,7 |
| 6. Turnen (+ Schule) | 724 | 5,4 | 24,6 |
| 7. Basketball | 609 | 4,6 | 0,5 |
| 8. Tennis | 596 | 4,5 | 11,4 |
| 9. Sportstudenten | 234 | 1,8 | |
| 10. Trimm-Dich | 219 | 1,7 | |
| 11. Reiten | 215 | 1,6 | 2,4 |
| 12. Rugby | 186 | 1,4 | 0,03 |
| 13. Judo | 182 | 1,4 | 0,8 |
| 14. Schwimmen | 165 | 1,2 | 2,1 |
| 15. Radsport | 136 | 1,0 | 0,9 |
| 16. Gymnastik | 119 | 0,9 | |
| 17. Rodeln | 110 | 0,8 | |
| 18. Ringen | 107 | 0,8 | 0,8 |
| 19. Karate | 87 | 0,6 | 0,3 |
| 20. Tanzsport | 86 | 0,6 | 0,5 |
| 21. Schlittschuhlauf | 85 | 0,6 | 0,2 |
| 22. Rollschuhlauf | 77 | 0,6 | 0,08 |
| 23. Trampolin | 73 | 0,5 | |
| 24. Kegeln | 71 | 0,5 | 1,2 |
| 25. Tischtennis | 66 | 0,5 | 3,9 |
| 26. Hockey | 59 | 0,4 | 0,2 |

| Sportart | Anzahl | | organisierte Sportler Baden-Württemberg |
|---|---|---|---|
| | n | % | % |
| 27. Badminton | 44 | 0,3 | 0,3 |
| 28. Squash | 38 | 0,3 | 0,1 |
| 29. Skilanglauf | 36 | 0,3 | |
| 30. Bergsteigen | 34 | 0,3 | |
| 31. Gewichtheben | 32 | 0,2 | 0,1 |
| 32. Faustball | 25 | 0,2 | |
| 33. Boxen | 22 | 0,2 | 0,4 |
| 34. Motorsport | 21 | 0,2 | 0,02 |
| 35. Rudern | 18 | 0,1 | 0,1 |
| 36. Windsurfen | 15 | 0,1 | |
| 37. Fallschirmspringen | 15 | 0,1 | |
| 38. Fechten | 13 | 0,1 | 0,2 |
| 39. Skateboard | 11 | 0,1 | |
| 40. Kanu | 9 | 0,1 | 0,01 |
| . | | | |
| . | | | |
| 64. Yoga | 1 | 0,01 | |

***Tabelle 1:*** *Gesamtzahl der Sportverletzten in insgesamt 64 Disziplinen*
*13296 Sportler mit 15212 Verletzungen*
*Sportklinik Stuttgart-Bad Cannstatt*

ten, aktiv Sporttreibenden berechnet haben. Hierbei zeigen sich deutliche Verschiebungen gegenüber den besonders häufig angeführten Sportarten (Tabelle 2).

Die *Altersverteilung* zeigt insgesamt ein Überwiegen der Gruppe der 20–30jährigen (5483 = 41%). Es folgen die 10–19jährigen, bei denen recht typische Sportarten wie Rollschuhlaufen, Skateboard, Turnen, Trampolinspringen, Leichtathletik, Schwim-

| Sportart | % aller verletzten Sportler | % aller organisierten Sportler | Verletzungs-faktor |
|---|---|---|---|
| Rugby | 1,4 | 0,04 | 35,0 |
| Basketball | 4,6 | 0,5 | 9,2 |
| Volleyball | 5,6 | 1,8 | 3,1 |
| Squash | 0,3 | 0,1 | 2,9 |
| Eissport | 0,7 | 0,2 | 2,9 |
| Hockey | 0,4 | 0,2 | 2,2 |
| Gewichtheben | 0,2 | 0,1 | 1,9 |
| Karate | 0,6 | 0,4 | 1,8 |
| Judo | 1,4 | 0,8 | 1,7 |
| Luftsportarten | 0,2 | 0,1 | 1,7 |
| Handball | 7,9 | 5,0 | 1,6 |
| Fußball | 37,0 | 24,8 | 1,5 |
| Skilaufen | 9,5 | 6,4 | 1,5 |
| Leichtathletik gesamt | 5,5 | 4,4 | 1,2 |
| Radsport | 1,0 | 0,9 | 1,1 |
| Badminton | 0,3 | 0,3 | 1,0 |
| . | | | |
| . | | | |
| Reiten | 1,6 | 2,6 | 0,6 |
| Schwimmen | 1,2 | 2,1 | 0,6 |
| Fechten | 0,1 | 0,1 | 0,6 |
| Tennis | 4,5 | 11,0 | 0,4 |
| Golf | 0,03 | 0,2 | 0,1 |

$$\text{Verletzungsfaktor} = \frac{\text{Sportverletzte in \%}}{\text{organisierte Sportler in \%}}$$

***Tabelle 2:*** *Verletzungsfaktor als Relation zwischen der Zahl der in der Sportambulanz behandelten Verletzten und der in der Einzugsregion organisierten Sportler*

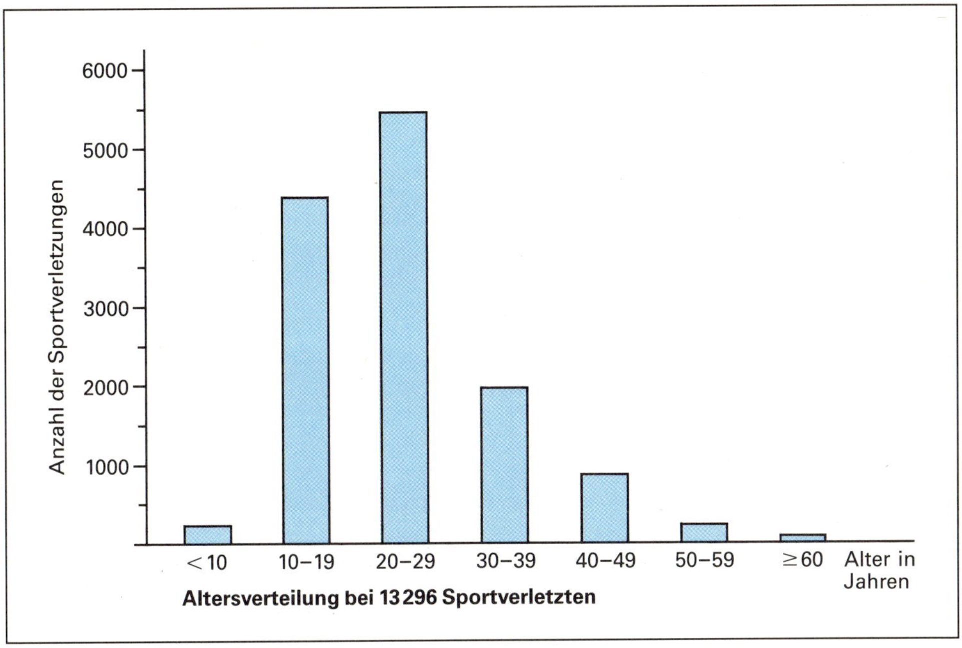


***Abbildung 1:*** *Altersverteilung der Verletzten insgesamt*

men oder Rodeln zu nennen sind. Unter den über 50jährigen sind mehr Tennisspieler, Reiter, Trimm-Dich-Sportler, Kegler und Skilangläufer (Abbildung 1).

Im Hinblick auf die *Körperregionen* haben wir an den oberen Extremitäten insgesamt 3469 (22,8%) Läsionen. Im speziellen betreffen hierbei 21,8% die Schulterregion, insbesondere beim Ringen, Judo und Rugby. Der Ellenbogen weist 9,2% auf.

Die *Wirbelsäule* ist im Breitensportbereich mit 717 Fällen relativ wenig betroffen (4,7%). Es handelt sich zum einen um Be- und Überlastungsschäden beim Kraft- und Hanteltraining sowie in Sportarten mit extremer Beweglichkeit, zum anderen um Stürze beim Wasser- und Trampolinspringen oder beim Reiten. Die *unteren Extremitäten* sind mit 10 181 Läsionen (68,9%) weitaus führend. Vor allem Sportarten wie Squash, Leichtathletik, Tanzen, Badminton werden angeführt. In den letzten Jahren ist eine erhebliche Zunahme der *Kniegelenksläsionen* zu verzeichnen. Ein Grund hierfür ist vor allem die hohe Zahl der komplexen Kapselbandverletzungen, insbesondere beim Skilaufen. Die Ursachen sind hier besonders vielfältig. Neben Änderungen in Ausrüstung (hochschaftige Skistiefel, Sicherheitsbindung) und Fahrtechnik als sportartspezifische Faktoren sind sicherlich auch subtilere diagnostische Verfahren ärztlicherseits anzuführen. Auch in den anderen Kampfsportarten wie

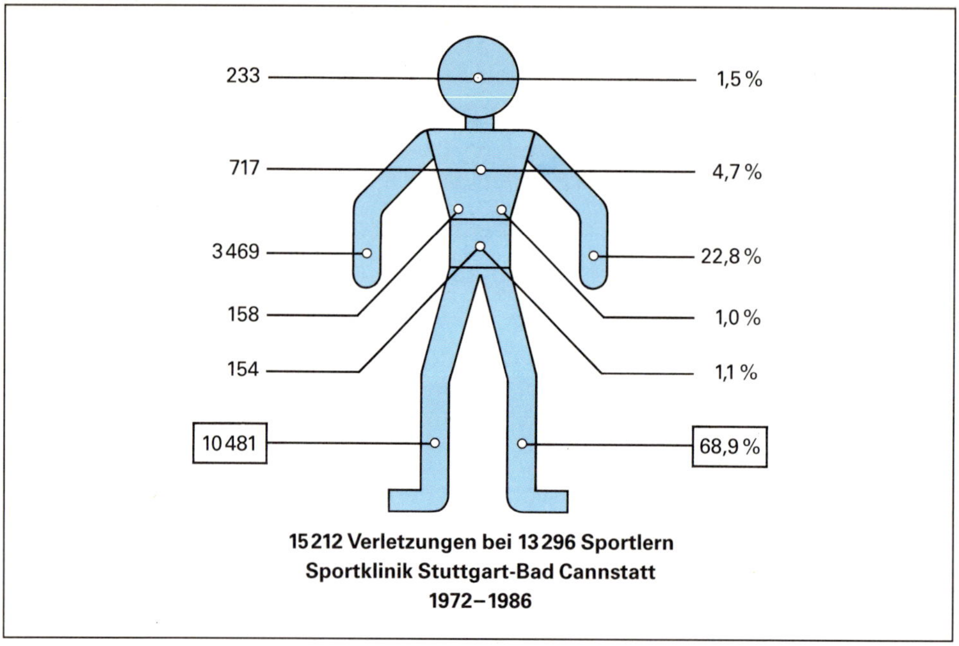


***Abbildung 2:*** *Verteilungsmuster der 15212 Sportverletzungen auf die Körperregionen*

Judo oder Rugby finden sich hohe Verletzungsraten. In Sportdisziplinen mit zunehmendem Kraft- und Hanteltraining und oft exzessivem Sprungprogramm sind Knieschmerzen ebenfalls häufig (Abbildung 2).

Das *Sprunggelenk* weist mit 3067 (20,1%) die zweithäufigste Verletzungsrate aller Gelenke auf. Ballspiele mit plötzlichem Übertreten im Supinationssinne und Läsionen des Kapselbandapparates sind ursächlich zu nennen. Badminton, Volleyball, Basketball, Trampolinspringen oder Squash sind anzuführen.

Im Hinblick auf die *Diagnose* ist auffällig, daß 5013mal (32,9%) eine »Distorsion« angegeben wird. Da jeweils der Klinikaufnahmebefund und nicht der postoperative, korrigierte in die Diagnose eingeht, sind hier sicherlich zahlreiche Kapselband- aber auch Meniskusrisse enthalten. Schwere Verletzungen wie Frakturen, Luxationen, Bänder- sowie Meniskusrisse machen insgesamt 5110 (33,6%) aus. In der Häufigkeit sind weiterhin Muskel- und Sehnenverletzungen mit 1579 (10,4%) anzuführen. Kontusionen finden wir 1909 (12,6%), und weitere Diagnosen sind Hautwunden, erworbene Deformitäten sowie Sonstiges (Abbildung 3).

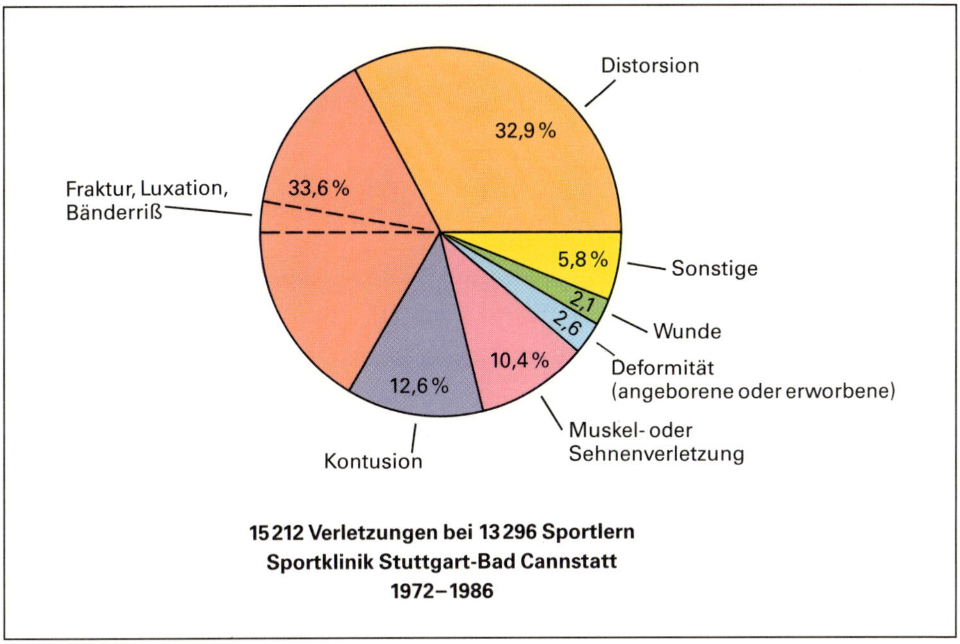


***Abbildung 3:*** *Diagnosen der 15212 Verletzungen bei 13296 Sportlern*

*Literatur:*

1. *Franke, A., Franke, K.:*
Epidemiologie von Unfällen und Fehlbelastungsformen beim Sport
Med. und Sport 20 (1980) 184

2. *Heiß, F.:*
Unfallverhütung beim Sport
Praxis der Leibeserziehung, Band 57
Hoffmann-Verlag, Schorndorf 1971

3. *Steinbrück, K., Cotta, H.:*
Epidemiologie von Sportverletzungen
Deutsche Zeitschrift für Sportmedizin 6 (1983)
173–186

4. *Steinbrück, K.:*
Sportverletzungen an Knie- und Sprunggelenken
pmi-Verlag Frankfurt–Zürich 1985

H. Hess

# Weichteilverletzungen

## Muskelverletzungen – Sprunggelenksbandverletzungen

### I. Muskelverletzungen

Die Muskeln haben bei allen Bewegungsabläufen im Sport eine besonders bedeutsame Aufgabe zu erfüllen. Sportliche Höchstleistungen können nur durch eine gut trainierte Muskulatur und ein harmonisches neuromuskuläres Zusammenspiel, also eine gute Koordination erzielt werden. Muskelverletzungen gehören zu den häufigsten Sportverletzungen überhaupt. Sie machen an der Gesamtzahl der beim Sportler zu behandelnden Verletzungen etwa ein Drittel aus, und jeder 4. Sportler hat durchschnittlich einmal im Jahr eine Muskelverletzung. Die Ursache für die meisten Muskelverletzungen sind ungenügendes Training, mangelhafte Vorbereitung und ungenügendes Aufwärmen, vor allem für Schnellkraftleistungen oder Sprints. Muskelverletzungen werden begünstigt durch Mikrotraumen, Degeneration, aber auch Ermüdung und insbesondere durch Infektherde im Körper.

Das *Mißverhältnis zwischen Belastung und Belastbarkeit* kann dann zu den typischen Muskelverletzungen führen, wobei man heute von einer *Muskelverhärtung,* einer *Muskelzerrung,* einem *Muskelfaserriß* und einem *Muskelriß* spricht. Die Übergänge zwischen diesen einzelnen Zuständen sind sicherlich fließend, und es ist auch diagnostisch sehr schwierig, eine Zerrung von einem feinen Riß abzugrenzen, insbesondere wenn es sich um einen tiefliegenden Muskel handelt.

a) Bei der *Muskelverhärtung,* eine diagnostisch oft relativ willkürliche Aussage, handelt es sich um eine Dauerkontraktion im Sinne eines Tetanus in einem umschriebenen Muskelbezirk, meist in sehr hochbelasteten Muskeln, also beim Fußballspieler im Musculus quadriceps oder biceps femoris. Diese Verhärtung kann man sehr gut tasten, sie verursacht einen funktionellen Ausfall, insbesondere einen Dehnungsschmerz, ist jedoch einer sofortigen funktionellen Behandlung sehr gut zugänglich.

*Therapie:* Im allgemeinen genügt es, in die Umgebung der Muskelverhärtung ein Lokalanästhetikum vorsichtig mit dünnen Kanülen zu infiltrieren. Oral können Muskelrelaxantien, Enzympräparate und Antirheumatika gegeben werden. Lokal machen wir Iontophorese, vorsichtige manuelle Massage und Salbenstützverbände.

Wichtig ist der sofortige Beginn mit Dehnungsübungen sowie Kraft- und Koordinationsübungen. *Im Prinzip ist dies auch die Therapiegrundlage für alle Muskelverletzungen, wobei natürlich entsprechend dem Grad der Verletzung variiert werden muß.*

b) Bei der *Muskelzerrung* werden die Grenzen der Muskelelastizität zwar erreicht, aber nicht überschritten. Es handelt sich also um eine funktionelle Verletzung, die reversibel ist. Auch hier setzt die Behandlung sofort nach der Verletzung ein, z. B. mit Kältekompressionsverbänden, Elektrotherapie (Diadynamik, Ultraschall, Iontophorese), Maßnahmen zur Resorptionsförderung, Lymphdrainagemassagen, Stützverbänden und funktioneller Therapie.

c) Beim *Muskelfaserriß,* welcher ja heute die Lieblingsdiagnose und das Zauberwort in allen Medien ist, handelt es sich um eine relativ schwere Verletzung, bei der die Grenze der Reißfestigkeit der Muskelfaser überschritten wird, d. h. die Fasern reißen, sie retrahieren sich, es kommt zu einer meist gut tastbaren Lücke, in welche rasch ein Hämatom einströmt, und schließlich ist die Verletzung auch äußerst schmerzhaft. Der Sportler verspürt die Verletzung als schlagartiges Ereignis, das ihn meist wie ein Blitz aus heiterem Himmel, also bei völligem Wohlbefinden und bei höchster Belastung des Muskels trifft. Eine einzelne Muskelfaser ist ein mikrostrukturelles Gebilde von wenigen µ Durchmesser, deren Riß sich sicherlich nicht tasten läßt. Auch andere Untersuchungsmethoden, ausgenommen NMR-Tomographie, werden solche Verletzungen nicht feststellen können (Abbildung 1).

Da es aber so gut wie immer zum Zerreißen zahlreicher Muskelfasern auf einmal, also von Muskelfaserbündeln kommt, und bei größeren Muskelrissen viele solche Muskelfaserbündel an der Ruptur beteiligt sind, kann man *bei guter Untersuchungstechnik meist einen sehr deutlichen Lokalbefund erheben. Wichtig ist es, den entsprechenden Muskel in Beugestellung und in Streckstellung der benachbarten Gelenke sehr gründlich und über die ganze Länge hin zu untersuchen.* Man beginnt meistens mit den Fingern und macht dann noch einen Untersuchungsgang mit beiden Daumen. Man tastet bei einer frischen Verletzung die mehr oder weniger große Lücke, nach wenigen Stunden schon die Verfüllung der Lücke durch Blutkoagel in der Umgebung, die retrahierten Ränder der Verletzung und schließlich mit fortschreitender Heilungsphase die sich bildende Narbe, die ihren Charakter auch ständig ändert.

Ein gutes *diagnostisches Hilfsmittel* ist mittlerweile auch die *Sonographie,* mit welcher bei einiger Erfahrung recht gute Bilder gelingen. Im Zweifelsfall kommt wohl auch die *Kernspintomographie* infrage, jedoch ist sie sicherlich für die Praxis einfach zu teuer.

Weil der *Tastbefund* relativ rasch wechseln kann, weil verschiedene Ärzte auch verschiedenes Tastvermögen haben und auch weil die apparativen diagnostischen

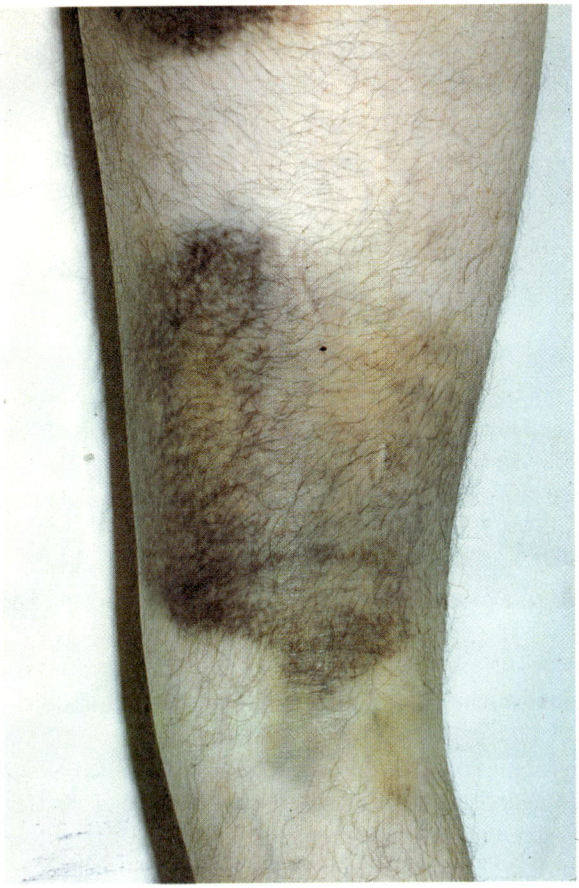

***Abbildung 1:***
*Hämatom nach Riß des M. biceps femoris*

Möglichkeiten relativ beschränkt sind, kommt es immer wieder zu *Meinungsverschiedenheiten bezüglich der Schwere einer Muskelverletzung.* Für den Verletzten ist es sicherlich besser, wenn man am Anfang die Diagnose »hochhängt«, weil er dann weiß, daß es sich um eine schwere Verletzung handelt, die sorgfältig therapiert werden sollte, und die er ernstnehmen muß.

Die Vermarktung der Therapie von Sportverletzungen in den Medien führt natürlich auch dazu, daß z. B. in die Praxis ein Sportler kommt und seinem Arzt klarmacht, daß er jetzt schon 4 Wochen mit einer Muskelverletzung von ihm behandelt wird und immer noch nicht spielen kann, und daß der Fußballnationalspieler X mit der gleichen Verletzung schon nach 8 Tagen wieder gespielt hat. Dies kann natürlich damit zusammenhängen, 1. daß die »gleiche« Verletzung eben doch nicht die gleiche ist, und 2. daß der *Amateursportler sich oft keine Vorstellung davon macht, wie intensiv die Behandlung, insbesondere die Rehabilitation nach solchen Verletzungen bei einem*

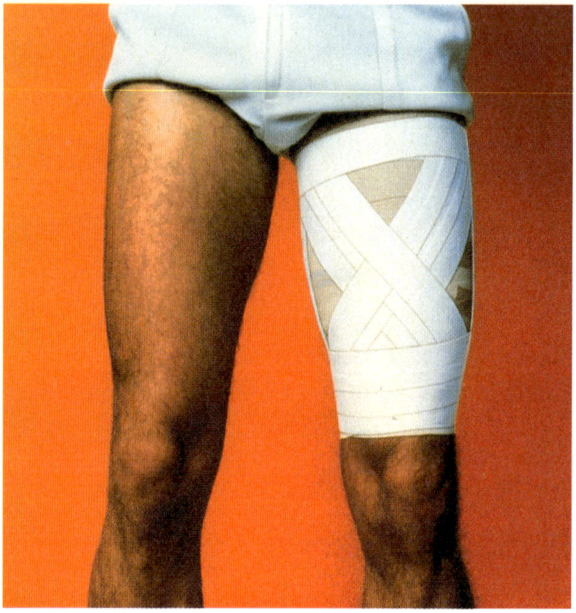

**Abbildung 2:**
*Tape-Stützverband*

*Profisportler ist,* der eben unmittelbar nach seiner Verletzung eine spezielle Sofortbehandlung bekommt und dann in den nächsten Tagen eine *Rehabilitationsphase* durchläuft mit einem Therapieprogramm von täglich 6–8 Stunden. Aber auch wenn wir im Amateursport in der Praxis schon aus Kostengründen nicht die gleiche Behandlungsintensität aufbringen können wie im Profibereich, so können wir doch für den Breitensport aus den Therapieerfolgen des Profisports eine ganze Menge lernen.

*Therapie:*

a) *Die Behandlung* beginnt unmittelbar nach der Verletzung, also schon am Sportplatzrand nach der ersten Untersuchung mit einer *Kältekompressionstherapie,* wobei wir üblicherweise eine *eiswassergetränkte Schaumgummischeibe* auf die verletzte Stelle legen und darüber eine mit Eiswasser getränkte elastische Binde fest anwickeln. Dieser Verband wird in der Kabine wieder erneuert, und damit geht der Verletzte dann auch unter die Dusche. Danach erhält er üblicherweise ein Muskelrelaxans, ein Antiphlogistikum (z.B. ®Voltaren retard oder ®Voltaren i.m.) und Enzympräparate. Die verletzte Stelle wird noch einmal genau untersucht, einschließlich gewisser Funktionstests, und es wird erneut ein Salben-Schaumgummi-Eiswasser-Kompressionsverband angelegt.

Bei der *Erstbehandlung mit Eiswasser und Kompression* kann man den Schaumgummi sehr gut als Salbenträger verwenden (z. B. für ®Voltaren Emulgel). Wichtig ist aber, daß die Schaumgummiauflage nicht viel größer ist als die Stelle der Verletzung, die man komprimieren will. D. h., daß es bei einer Muskelverletzung, welche eine Ausdehnung von der Größe eines 5-Markstückes hat, keinen Sinn macht, eine Kompression von Handflächengröße auszuüben. *Das hautnahe Schaumgummi soll also immer nur etwas größer sein als die verletzte Stelle.* Darüber kommt dann noch ein handflächengroßes Stück Schaumgummi. Dieser Kältekompressionsverband muß etwa nach 20–30 Minuten gewechselt werden. *Die Kompression hat ihren Sinn nach etwa 3–4 Stunden erfüllt, die Kühlung mit Eiswasserverbänden kann 4–6 Stunden durchgeführt werden.*

b) Sofort anschließend wird eine gezielte *Lymphdrainagebehandlung* gemacht, ergänzt durch *krankengymnastische Behandlung mit PNF* (propriozeptive, neuromuskuläre Förderung), *und evtl. auch Elektrotherapie.* Für die Ruhephase wird üblicherweise nochmal ein Salbenkompressions-Tapestützverband angelegt (Abbildung 2).

c) In den folgenden Tagen werden Behandlungsblöcke eingebaut, welche aus *Lymphdrainage, Elektrotherapie, PNF, Dehnung und vorsichtigen Übungen gegen Widerstand* bestehen. Die Intensität, insbesondere der Widerstandsübungen, richtet sich natürlich nach dem Schweregrad der Verletzung und der Schmerzhaftigkeit (Abbildung 3).

d) Die *Infiltrationstherapie* nimmt einen wichtigen Platz in der Behandlung ein, weil sie die Behandlungszeiträume entscheidend verkürzen kann. Dies ist auch durch ernstzunehmende Veröffentlichungen bewiesen, sodaß man darüber nicht mehr groß diskutieren muß, auch wenn die letzten ursächlichen Zusammenhänge nicht endgültig geklärt sind. Wir nehmen üblicherweise ein Lokalanästhetikum, gemischt mit ®Actovegin und ®Traumeel S, wobei während der entzündlichen Phase in den folgenden Tagen auch ®Segmentan infiltriert werden kann. Im allgemeinen werden 2–4 Injektionen im Behandlungsverlauf gesetzt.

Die Injektion wird im allgemeinen zirkulär um die verletzte Stelle gesetzt, wobei es sich bewährt hat, 3 oder 4 Einstiche mit einer feinen Kanüle zu machen.

e) In der *Spätphase der Therapie* kommen dann normale, aber immer noch schonende Massagen zur Anwendung. Die Übungswiderstände werden größer, die *Dehnungen intensiver* und das *koordinative Übungsprogramm* nimmt einen vorrangigen Platz ein. Das reine Krafttraining, auch das Training mit isokinetischen Trainingsgeräten, ist zwar sinnvoll, muß jedoch durch Koordinationsübungen ergänzt werden, da andernfalls der Muskel nicht in der Lage ist, im Gesamtbewegungsablauf reibungslos mitzuspielen. Auch das *sportartspezifische Trainingsprogramm* nimmt in dieser Spätphase einen vorrangigen Platz ein. Dies ist auch schon die Zeit, wo *Übungen auf dem Laufband und ein Training im Freien mit sportartspezifischen Bewegungsabläufen* stattfinden (Abbildung 4).

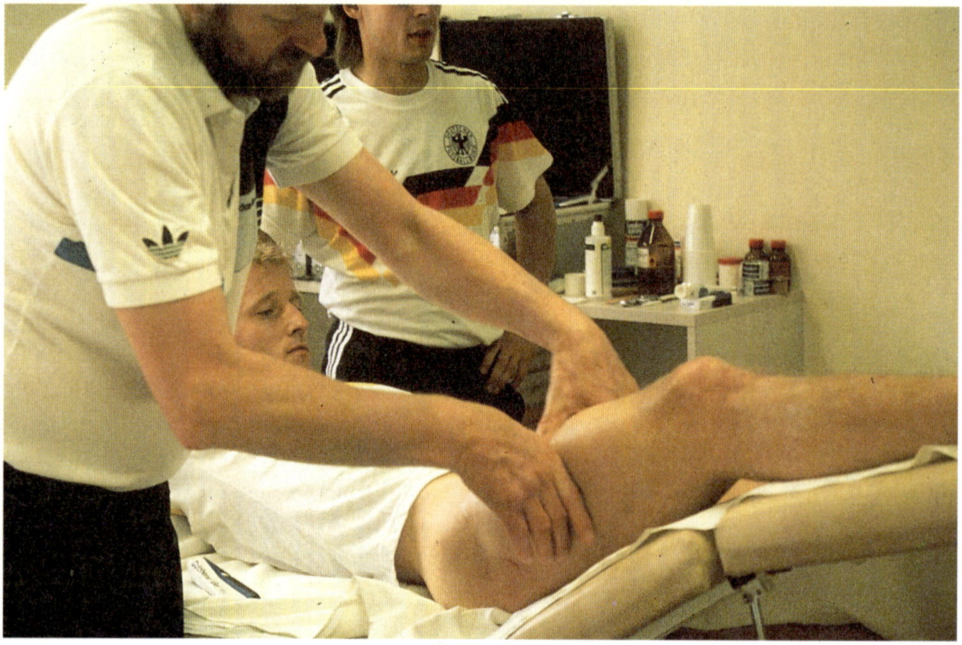

***Abbildung 3:*** *Manuelle Lymphdrainagemassage*

*Die Praxis zeigt uns, daß mit vernünftig aufeinander abgestimmten Rehabilitationsmaßnahmen die Behandlungsdauer bei Muskelverletzungen entscheidend verkürzt werden kann.* Es ist ein großer Unterschied, ob wir eine Muskelverletzung sich selbst überlassen, wobei sich dann eine ungeordnete, nicht strukturierte Narbe bildet, oder ob wir die sich bildende Muskelnarbe frühzeitig unter bestimmte Zugbelastung bringen, welche die sich bildenden jungen Bindegewebsfasern parallel ausrichtet. Eine derartige gepflegte Narbe ist nach kürzerer Zeit mit höheren Kräften belastbar als eine ungeordnete Narbe, die oft im Muskel lange Zeit wie ein Fremdkörper wirkt.

f) *Operativ behandelt* werden müssen nur ganz selten ganz schwere Muskelverletzungen mit massiven Hämatomen und die unangenehmen Muskelrezidivverletzungen, welche oftmals am Muskelsehnenübergang stattfinden.

## II. Laterale Sprunggelenksbandverletzungen
(Diagnostik, konservative und operative Behandlung)

Die Ruptur der lateralen Sprunggelenksbänder stellt die *häufigste Sportverletzung* einer Einzelstruktur überhaupt dar. Besonders gefährdet sind die Sprunggelenke bei

***Abbildung 4:*** *Dehnung während des Trainings*

Sportarten wie Basketball, Volleyball, Fußball, Squash und Tennis. Das am häufigsten verletzte Band ist das Ligamentum talofibulare anterius. Bei kompletten Bandrupturen reißt zusätzlich auch das Ligamentum calcaneofibulare und talofibulare posterius. Nicht selten werden auch das Ligamentum tibiofibulare und die Syndesmose verletzt.

*Diagnostik:*

Die *klinische Diagnostik* ist von großer Wichtigkeit. Zunächst einmal muß das verletzte Sprunggelenk möglichst sofort nach der Verletzung *manuell* sorgfältig untersucht werden. Hierzu muß auch das nichtverletzte Sprunggelenk zum Vergleich hinzugezogen werden. Üblicherweise werden Standard-Röntgenaufnahmen in 2 Ebenen durchgeführt, um knöcherne Verletzungen auszuschließen. *Die gehaltene Rö-Aufnahme* ist nur dann von sicherem Aussagewert, wenn sie *unter Lokalanästhesie* oder in einer anderen Anästhesieform erfolgt, da andernfalls durch die aktive Anspannung der Muskulatur das Aufklappen des Sprunggelenkes auch im Gerät bei Gewichtsbelastung von 20 kp verhindert wird, und dadurch in etwa einem Drittel der Fälle falsch negative Befunde erhoben werden (Abbildung 8). Wenn man schon

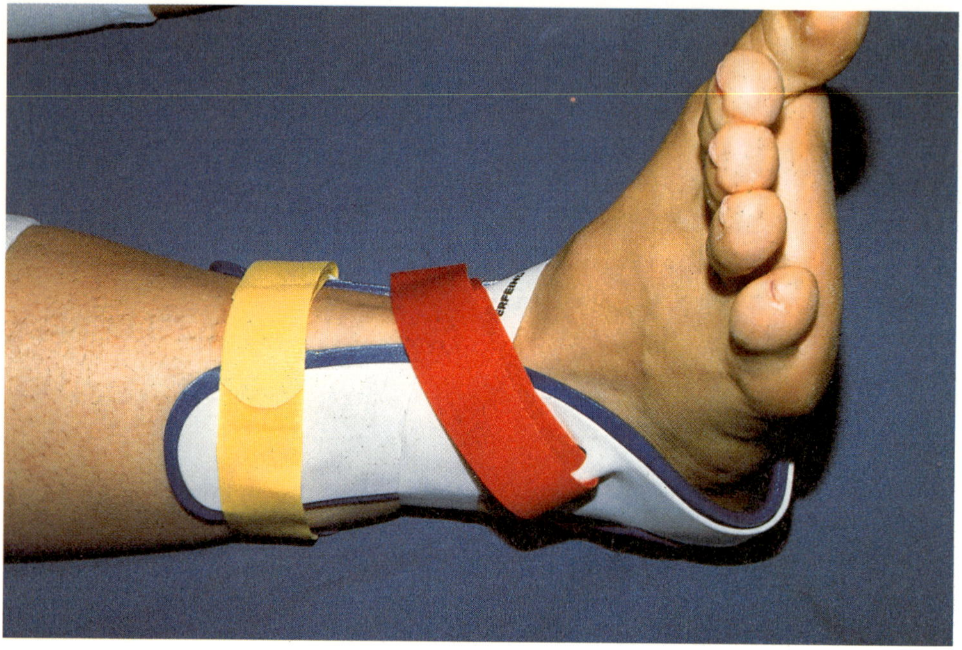

***Abbildung 5:*** MALLEOLOC-*Orthese*

das Sprunggelenk punktiert, z. B. auch um das Hämarthros abzusaugen und eine Lokalanästhesie zu setzen, kann man gleichzeitig auch ein Röntgen-Kontrastmittel einbringen. Die *Arthrographie* läßt erkennen, ob eine Begleitverletzung der Syndesmose vorliegt, und sie ist beim Aufsteigen des Kontrastmittels in die Peronealsehnenscheiden ein sicherer Hinweis darauf, daß eine totale Ruptur vorliegt.

*Teilrupturen*

*Die Therapie ist bei allen Teilrupturen* grundsätzlich konservativ. Im Vordergrund stehen die *gezielte Kompression und früh einsetzende funktionelle Therapie.* Wenn wegen zu starker Schwellung kein Tapeverband angelegt werden kann, verwenden wir für die Kompression eine Gips- oder *Kunststoffsteigbügel-Schale,* wobei im Moment des Erhärtens mit den aufgelegten Händen eine feste Kompression auf die Schaumgummipolster ausgeübt wird (Abbildung 6). Der Schaumgummi dient als Salbenträger. Der Verband wird 1–2 x täglich gewechselt und die Kompression erneuert. Im allgemeinen kann man in 3–4 Tagen auf einen *Kompressions-Tapeverband* übergehen, mit dem dann auch das sportliche Training begonnen wird. Mit dem Tapeverband werden unter Anleitung eines Physiotherapeuten zusätzliche

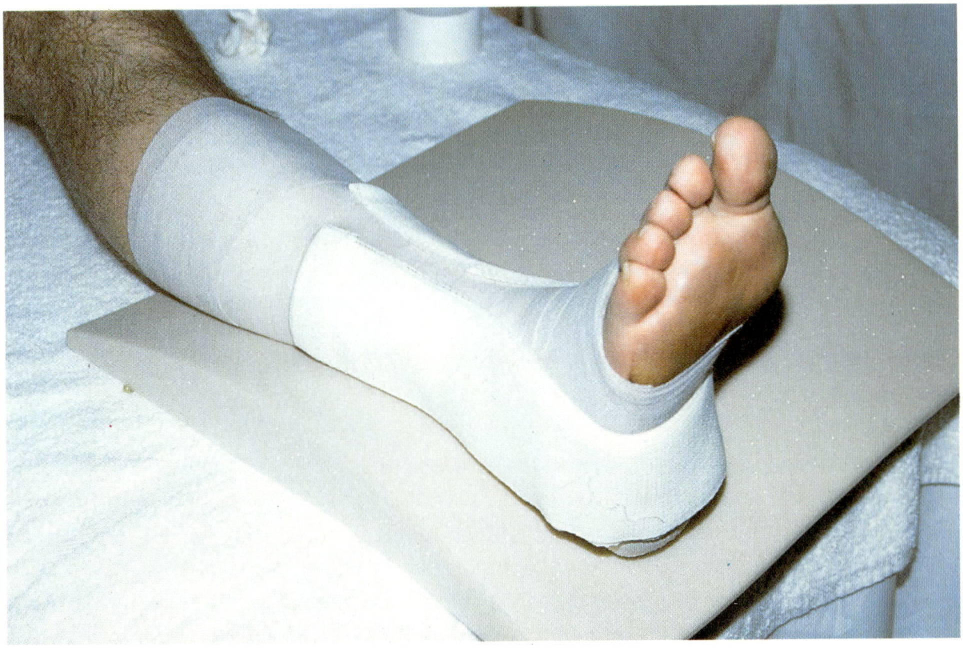

**Abbildung 6:** *Steigbügel-Longuette mit Schaumgummi-Kompressionsteilen*

**Abbildung 7:**
*Tape-Verband*

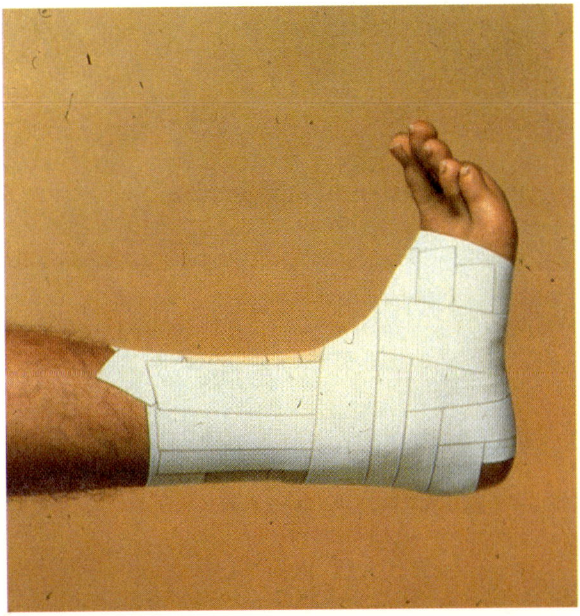

Muskelkräftigungsübungen durchgeführt. Unter dieser Behandlung sind sportliche Aktivitäten meist schon nach 6–8 Tagen möglich. Lauftraining und sportartspezifisches Training werden üblicherweise mit einem Tapeverband durchgeführt. Es ist dabei zu bedenken, daß ein auch gut angelegter Tapeverband, selbst wenn er auf die Haut gelegt ist, nur wenige Stunden absolut sicher sitzt. *Ein Tapeverband muß also relativ oft gewechselt werden* (Abbildung 7).

*Totalrupturen*

Bei den Totalrupturen wird das therapeutische Vorgehen seit einigen Jahren kontrovers diskutiert:

*Soll konservativ oder operativ behandelt werden?*

Langzeituntersuchungen an unserer Klinik haben gezeigt, daß die Ergebnisse der *operativen Behandlung* hinsichtlich Schmerzen, Beweglichkeit und sportlicher Belastbarkeit in den ersten 6 Monaten nach der Verletzung deutlich günstiger sind als die der konservativen Therapie mit 6wöchiger Gipsruhigstellung. Erst nach einem Zeitraum von 1–2 Jahren werden die Ergebnisse der konservativ behandelten Patienten etwa vergleichbar gut. Eine Nachuntersuchung nach 3–4 Jahren hat gezeigt, daß der größere Teil der konservativ behandelten Patienten einen Talusvorschub von 6–8 mm und einen Taluskippwinkel von 6–10 Grad aufweist. Jedoch nur 8% hiervon klagen über ein gelegentliches Umknicken. Dies bedeutet, *daß bei konservativer Behandlung 92% der Sportler mit dem Spätergebnis zufrieden sind.*

*Bei der operativen Behandlung lassen die Spätresultate* erkennen, daß die Stabilitätsquote wesentlich besser ist und ein Taluskippwinkel sowie ein Talusvorschub nur in wenigen Fällen gefunden wird. *Über eine Instabilität mit gelegentlichem Umknicken klagen nur 2 von hundert Operierten.*

*Die beiden alternativen Therapiemöglichkeiten müssen in einem individuellen Therapiegespräch unter Würdigung der Situation des Verletzten, seines Alters, seines Berufs und seines sportlichen Anspruchs unter Beachtung der Verletzungsschwere aufgezeigt werden.*

Eine *absolute Operationsindikation* ist erst dann gegeben, wenn

1. eine Syndesmosensprengung vorliegt,
2. eine Flake-Fraktur besteht,
3. eine Luxation vorliegt und
4. Bandausrißfrakturen vorhanden sind.

Zur *operativen Therapie* raten wir insbesondere dann, wenn

1. es sich um jüngere sportlich aktive Patienten handelt,
2. eine sprunggelenksbelastende Sportart betrieben wird,
3. es sich um einen massiven klinischen Befund mit großem Hämatom handelt.

*Bei jüngeren sportlich aktiven Patienten, insbesondere mit sprunggelenksbelastenden Sportarten, ist mit dem operativen Vorgehen eine schnellere Wiederherstellung vorauszusehen,* insbesondere da man bei der Operation das Blut aus dem Gelenk und aus den Weichteilen herausspülen kann und damit auch die Nachteile durch die posttraumatische Synovitis und die Vernarbungen und Verschwielungen der Kapselweichteile gemindert werden.

*Die Operation muß so rasch wie möglich erfolgen.* In unserer Klinik werden zerrissene Sprunggelenksbänder möglichst am Tag der Aufnahme in das Krankenhaus operiert. Als Anästhesie dient bevorzugt die Femoralisblockanästhesie oder die Lokalanästhesie.

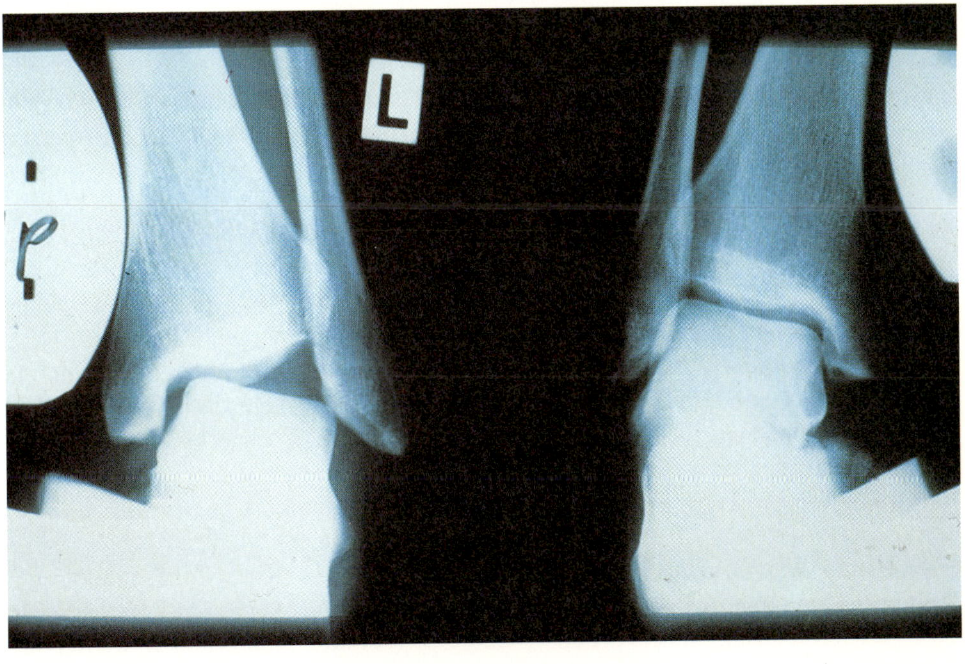


**Abbildung 8:** *Gehaltene ap-Röntgen-Aufnahme bei kompletter Ruptur*

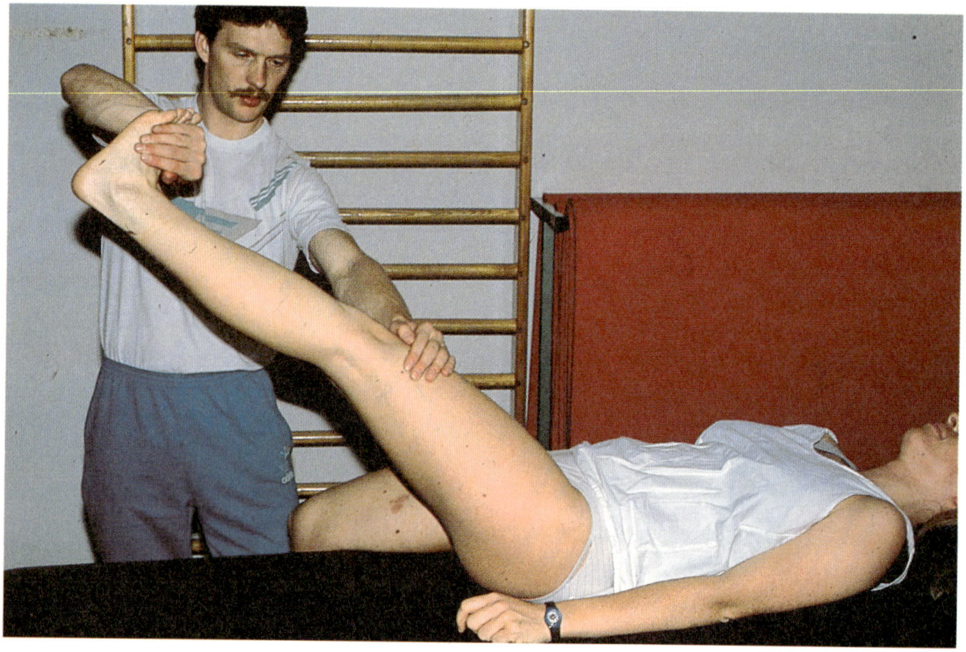

***Abbildung 9:*** *Frühfunktionelle Therapie mit PNF*

Zur *konservativen Therapie* raten wir bei Patienten, die keine sprunggelenksbelastende Sportarten treiben, über 50 Jahre sind und bei wenig geschwollenen Sprunggelenken.

*Rehabilitation*

Die Rehabilitation hat sich bei uns in den letzten Jahren revolutionär geändert. *Entscheidende Impulse für diese Änderung kamen aus dem Leistungssport,* denn ein Spitzensportler ist heute nicht mehr damit zufrieden, daß er nach einer 6wöchigen Gips- oder Schienenrefixation im allgemeinen 6 weitere Wochen benötigt, um wieder voll sportfähig zu werden. *Deshalb setzen wir die Rehabilitation heute zu einem sehr frühen Zeitpunkt ein und führen sie wesentlich aktiver und konsequenter durch.*

*Teilrupturen* werden zunächst mit Steigbügelgips- oder Kunststofflonguette mit Kompressionselementen aus Schaumgummi versorgt. Die Verbände können durch einfaches Aufbiegen täglich erneuert und mit erhöhter Kompression wieder angewickelt werden. Der Patient erhält Anweisungen für die eigenständige Übungsbehandlung zuhause, die er täglich mehrmals durchführen muß. Es soll hierbei die

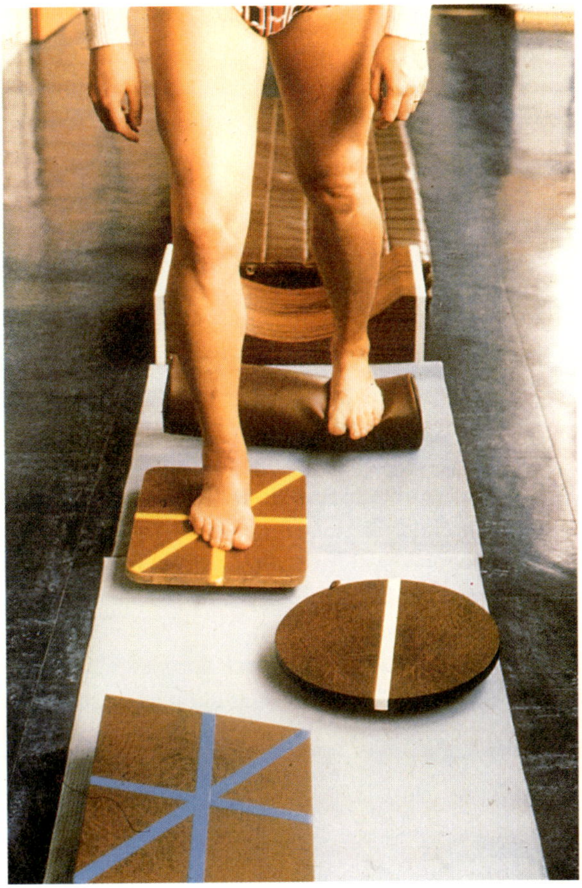

***Abbildung 10:***
*Koordinationsübungen*

Muskulatur des verletzten Beines, aber auch die des unverletzten Beines mit Gewichten, Sandsäcken o. ä. trainiert werden. Im allgemeinen ist nach 8–10 Tagen ein Lauftraining im Tapeverband mit anschließendem Übergang zu Koordinationsübungen und sportartspezifischem Training möglich (Abbildung 10).

Bei der *totalen Bandruptur* wird, wenn wir sie konservativ behandeln, nach Abschwellung – im allgemeinen nach 4–6 Tagen – ein Gehgips, ein Kunststoffverband oder eine Orthese angelegt. Wir verwenden hier seit einem Jahr die neukonstruierte MALLEOLOC-Orthese von Bauerfeind und lassen damit die Patienten im normalen Halbschuh, z. B. Sportschuh gehen. Nachts soll eine Gipslonguette angelegt werden (Abbildung 5).

Bei der *operativ versorgten kompletten Bandruptur* fixieren wir postoperativ in einer Gipsschale und geben nach dem Entfernen der Fäden oder schon ab 4.–6. Tag die

MALLEOLOC-Orthese. Mit dieser Orthese läuft der Patient im normalen Schuh, wodurch sich schon unter der täglichen Funktion eine gute Beweglichkeit des Sprunggelenkes zwischen 15 Grad Dorsalextension und 20 Grad Plantarflexion entwickelt und gleichzeitig auch die Peronealmuskulatur gekräftigt wird.

Beim *Spitzensportler* kann zusätzlich in dieser Phase schon mit der frühfunktionellen Therapie begonnen werden. Der Physiotherapeut trainiert Widerstandsübungen wie folgt: mit 30% der Maximalkraft 30–40mal, mit 60% der Maximalkraft 10mal und mit 90% Maximalkraft 5mal. Hierbei werden dann auch die Hamstrings, der Musculus iliopsoas und die Adduktoren mit eingebaut. Zusätzlich wird mit PNF behandelt. Dieses Übungsprogramm läuft über *die gesamte 2. u. 3. postoperative Woche.* Es werden pro Tag 3–4 Behandlungen von 30–60 Minuten Dauer durchgeführt (Abbildung 9).

In der *4. postoperativen Woche* beginnt die Therapie mit computergesteuerten Kraftmaschinen und Fahrrad. In der *5. postoperativen Woche* wird mit Traktion und Mobilisation begonnen, unterstützt durch Elektrotherapie und galvanische Ströme. Es werden hierbei die prätibiale und peroneale Muskulatur und der Musculus gastrocnemius trainiert. Jetzt wird auch mit vorsichtigen Pro- und Supinationsübungen begonnen, mit Lauftraining auf der weichen Matte mit Koordinations- und Sprungübungen auf dem Trampolin, Gehen auf der schiefen Ebene und auf dem Laufband. Alle diese Übungsprogramme erfolgen unter Sicherung mit MALLEOLOC-Orthese und/oder Tapeverband.

Normalerweise ist die volle sportliche Belastung nach 6–8 Wochen wieder möglich.

Sicherlich kann diese Intensivtherapie, wie sie beim Leistungssportler durchgeführt wird, nicht auch bei jedem Freizeitsportler gleichermaßen erfolgen, jedoch kann man auch für die Praxis eine ganze Reihe dieser therapeutischen Grundsätze übernehmen. Deswegen werden sie hier auch am Schluß beispielhaft dargestellt.

K. Steinbrück

# Therapie von Überlastungsschäden in der Sporttraumatologie

Von großer Bedeutung ist zunächst eine gute *Prävention* bzw. *Prophylaxe* der Sportverletzungen. Diese können bereits im Rahmen der *Vorbereitung* auftreten. Es ist daher auf eine gute technische Schulung ebenso Wert zu legen wie auf ausreichendes Aufwärmen und Beweglichkeitstraining. Des weiteren spielt eine gute Kondition als Voraussetzung für eine entsprechende Koordination eine wichtige Rolle.

Beim *Wettkampf* ist auf die Einhaltung der sportlichen Regeln und auf Fairness zu achten. Vor allem bei Kampf- und Ballspielen mit starkem körperlichen Einsatz finden wir naturgemäß häufig Verletzungen. Mit zunehmender Spieldauer ist auch die Kondition von Bedeutung. In der Phase der Übermüdung kann es leicht zu Störungen der Koordination und damit zu Läsionen kommen. Jede Sportart hat zudem ihre spezifischen Risiken (Abb. 1).

Ein recht guter Überblick läßt sich durch eine Aufgliederung in subjektive und objektive *Unfallursachen* erreichen.

*Subjektive Unfallursachen*

1. Ungenügendes Training
2. Falsche Technik
3. Mangelhaftes Aufwärmen
4. Regelverstöße, Disziplinlosigkeit
5. Mangelhafte Kenntnisse der Risiken – unüberlegtes Handeln, Doping
6. Übermüdung – mangelhafte Erholung
7. Überlastung – mangelhafte Erholung
8. Infekte
9. Nicht auskurierte Verletzungen – unzureichende Rehabilitation
10. Mangelhafte sportmedizinische Betreuung.

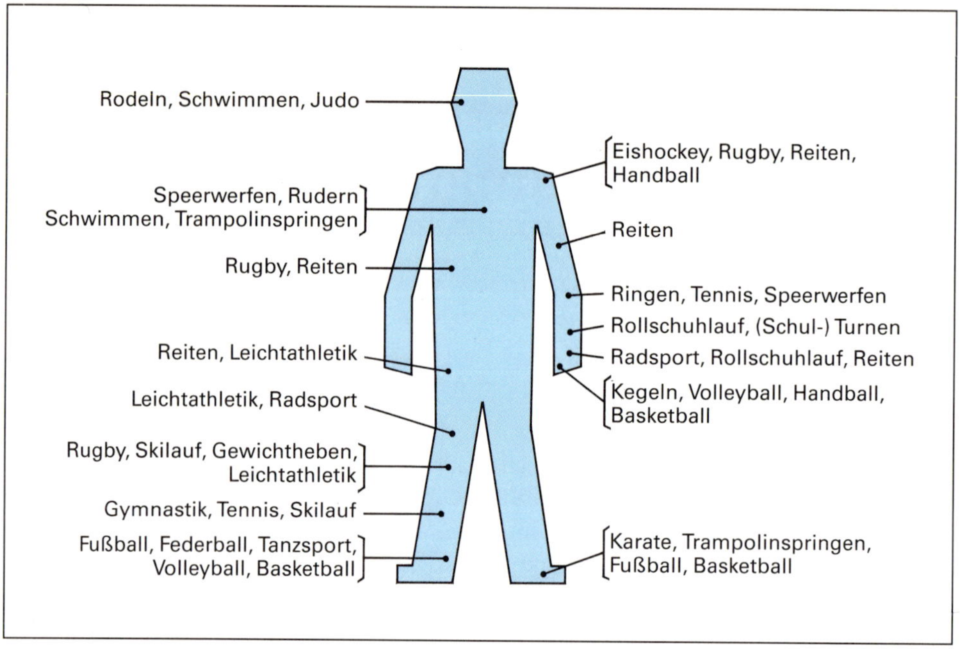


***Abbildung 1:*** *Typische Lokalisationen bei Sportverletzungen*

*Objektive Unfallursachen*

1. Mängel an Ausrüstung, Schutzbekleidung, Sportgeräten und Sportstätten
2. Wetterfaktoren (Nässe, Kälte)
3. Unzulänglichkeit von Gegner oder Partner
4. Organisatorische Mängel in Trainings- und Wettkampfgestaltung, schlechtes Regelwerk
5. Falscher Trainingsaufbau.

Die *Therapie* von Überlastungsschäden im Sport ist äußerst schwierig. Sie setzt eine genaue Kenntnis der funktionellen Anatomie ebenso voraus, wie diejenige der sportartspezifischen Bewegungsabläufe und Belastungen. Des weiteren muß man ausgiebiges Wissen über Trainingsart und -intensität sowie Fehlermöglichkeiten haben. Die Präsenz am Sportplatz oder an der Trainingsstätte ist daher für die Betreuung von Leistungssportlern eine wichtige Voraussetzung. Diese zeigen am Skelett- und Bewegungsapparat auch vielfach biopositive Anpassungsphänomene, die bei oberflächlicher Betrachtung bzw. Unkenntnis als pathologisch gewertet werden. So ergaben unsere Untersuchungen bei *Tennisspielern* (Krahl) schon im

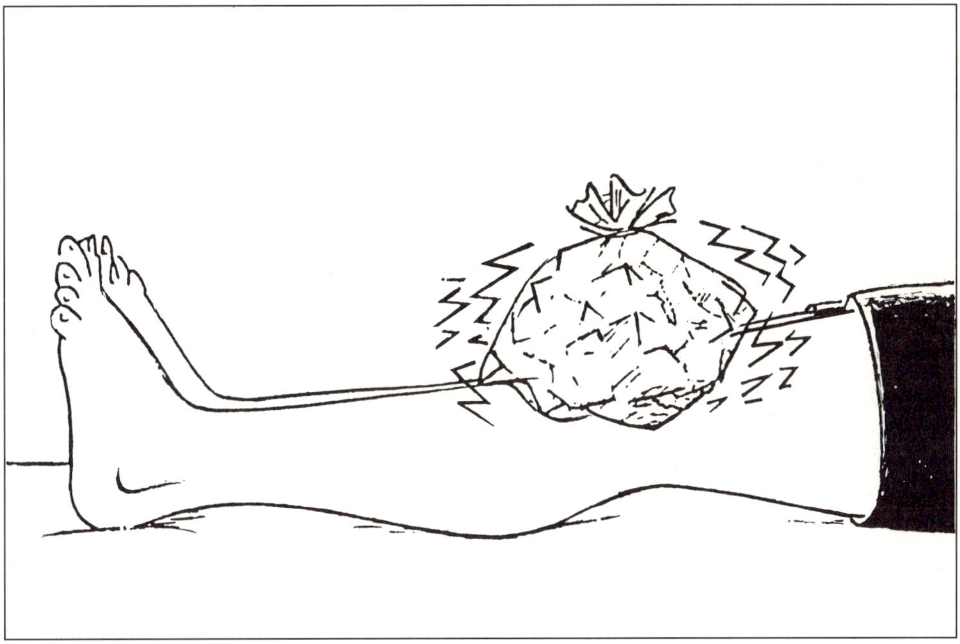

***Abbildung 2:*** *Eisbehandlung eines Kniegelenks*

jugendlichen Alter eine deutliche Hypertrophie von Radius und Ulna sowie radialer Handwurzel und 2. sowie 3. Mittelhandknochen.

Die *Erstbehandlung* nach Sportverletzungen richtet sich noch immer nach dem Stichwort »RICE« (Rest – Ice – Compression – Elevation). Der Experte wird jedoch vielfach schon in der Frühphase statt Ruhigstellung eine funktionelle Therapie suchen. Kälte sollte nicht zu kurz – ca. 15–20 Minuten – aufgebracht werden, damit es zu einer echten Abkühlung kommt und eine reflektorische Hyperämie weitgehend vermieden wird. Der Kältespray ist – falsch appliziert – gefährlich. Die Kompression durch entsprechende Verbände, seien sie nun mit Salbe oder Eis kombiniert, ist ebenso wichtig wie eine kurzfristige Hochlagerung (Abbildung 2).

Die *Therapie* kann man einerseits auf Gewebsstrukturen beziehen, andererseits auf Körperregionen.

*Tendopathien* und *tendoperiostale Reizzustände* finden sich an der Schulter vor allem am Ursprung bzw. Ansatz des M. supraspinatus, im Ellenbogenbereich an den Extensoren und weniger den Flexoren. In der Leistenregion ist der M. adductor longus und der M. gracilis betroffen, des weiteren kommen der Patellarsehnenbereich, Achillessehnenansatz und die Plantarfaszie in Betracht. Therapeutisch finden bei der Ansatztendopathie in der Frühphase eventuell eine kurzfristige Ruhigstellung und Entlastung, antiphlogistische Allgemeinmedikation (z. B. Voltaren Supp./Drag.) sowie lokale Infiltrationen, eventuell mit Aufschwemmung einer Spur wasserlöslichen Kortikoids Anwendung. Weitere Bedeutung hat die physikalische Therapie mit Eisfriktion, Dehnung und Bestrahlung (z. B. Diadynamik, Ultraschall). Gelegentlich sind auch Entzündungsbestrahlungen sinnvoll, als Ultima ratio eine operative Revision. Eine Änderung des sportspezifischen Bewegungsablaufes, eventuell auch der Ausrüstung sind weitere Momente.

Eine ähnliche Therapie ist bei den Reizzuständen des Sehnengleitgewebes (*Peritendinitis*) anzuwenden. Chronische Schleimbeutelentzündungen (*Bursitiden*) können nach der Erstbehandlung mit Ruhigstellung, Kühlung, Kompression, später mittels Punktion und Infiltration einer geringen Menge Kortikoid behandelt werden, bevor operative Maßnahmen in Betracht kommen.

*Instabilitäten der Gelenke* erfordern aktive physikalische Maßnahmen und nur in Ausnahmefällen Orthesenversorgung. *Degenerative Veränderungen* hingegen beinhalten das komplette Programm der Arthrosetherapie. Geringe Korrekturen am Schuh wirken bei arthrotischen Kniegelenksprozessen oft Wunder.

Körperregional bildet die *Schulter* ein ganz wesentliches Problem.

Genau zu differenzieren ist zwischen Beschwerden im Bereich des AC-Gelenkes, der Bursa subacromialis, Narben der Rotatorenmanschette, Supraspinatussehneninsertion oder Problemen der Bizepsloge. Exakte klinische Untersuchung, apparativ assistiert von meist unauffälligem Röntgenbefund, aussagekräftiger Sonographie, in Spezialfällen auch von CT und Kernspin. Eine besondere Bedeutung kommt der funktionellen Therapie nach entsprechender Schmerzbehandlung zu. Veraltete Rotatorenmanschettenrupturen erfordern nach ergebnisloser, ausgedehnter konservativer Therapie eine operative Intervention, sei es nun arthroskopisch oder offen im Sinne einer NEER-Plastik.

Bei der *Epicondylopathia humeri radialis* (Tennisellenbogen) sind die Extensorenansätze, bei der *Epicondylopathia humeri ulnaris* (Werferellenbogen) die Flexoren betroffen. Viele Sportler versuchen durch Bandagen oder sogenannte Spangen eine Entlastung der Sehneninsertion zu erreichen. Im akuten Stadium ist eine Sportpause indiziert. Ruhigstellung sollte nur kurzfristig erfolgen. Lokale Maßnahmen wie bereits oben angeführt sind günstig. Führt dann auch eine Entzündungsbestrahlung nicht zum Ziel, sollte man die operative Revision, z. B. den Eingriff nach HOHMANN-WILHELM, mit Ablösung der Sehneninsertion und Denervierung vornehmen.

Die *Gonarthrose* kann Folge von Überbelastungen beim Sportler sein. Meniskusverletzungen, eventuell verzögert behandelt, einseitige Belastungen, insbesondere bei Achsendeformierungen können Ursache sein. Neben der Mechanik spielen enzymatische und metabolische Momente eine Rolle. Schwere Knorpelschäden werden im allgemeinen durch ein bindegewebiges Ersatzgewebe ausgefüllt. Die primäre Therapie ist auch hier physikalisch. Antiphlogistische Medikation (z. B. in Form von Salben wie Voltaren Emulgel) und andere Medikamente sind die Basis, Mischinjektionen mit Kortikosteroiden, maximal 2–3mal, sind eine Alternative. Die Gelenkachse ist zu bedenken, eventuell sind entsprechende Achskorrekturen durch Schuhranderhöhung oder Umstellungen angezeigt. Vor allem die arthroskopische Spülung des Gelenkes bringt oft langanhaltende Verbesserung.

Die *Chondropathia patellae* und die *Malazie* sind schwierig zu therapieren. Erstere finden wir häufiger beim Jugendlichen, insbesondere bei Mädchen. Die Ursache ist oft recht unspezifisch, entsprechend ist auch die Therapie über lange Zeit unergiebig. Arthroskopische Abklärungen ergeben meist keinen krankhaften Befund, so daß rein palliativ physikalische bzw. krankengymnastische Maßnahmen in Betracht kommen. Die Malazie kann durch arthroskopische, chondroarthroplastische Maßnahmen angegangen werden.

*Literatur:*


1. *Becker, W., Krahl, H.:*
Die Tendopathien – Grundlagen, Klinik, Therapie
Thieme-Verlag, Stuttgart 1978

2. *Cotta, H., Krahl, H., Steinbrück, K.:*
Belastungstoleranz des Bewegungsapparates
Thieme-Verlag, Stuttgart 1980

3. *Hess, H.:*
Sportverletzungen
Luitpold-Werke, 3. Auflage, 1983

4. *Pförringer, W., Rosemeyer, B., Bär, H.-W.:*
Sport – Trauma und Belastung
Perimed-Verlagsgesellschaft 1985

5. *Steinbrück, K., Stein, W.:*
Sportverletzungen und ihre Prophylaxe aus orthopädischer Sicht
Zeitschrift für Krankengymnastik 32 (1980) 317

F.-W. Hagena

# Überlastungsschäden in der Rheumatologie

Der heutige Lebensstandard und die Lebensqualität sind für viele Menschen untrennbar vom Wohlbefinden und der Möglichkeit, Sport zu treiben. Definitionsgemäß ist ein Überlastungsschaden abhängig von der individuellen Belastbarkeit und der hierzu unproportional geforderten Leistung. Dieses Verhältnis ist in besonderem Maße bei Rheumapatienten gestört.

Im Hinblick auf pathologische Phänomene, die durch Überlastung des Bewegungs- und Stützorganes sich entwickeln können, ist ätiologisch ein multifaktorielles Geschehen für degenerative Erkrankungen anzunehmen (Abbildung 1). Diesen komplexen Vorgängen ist additiv gewissermaßen oder überschneidend und in vielen Fällen nicht sicher voneinander zu trennen der Circulus vitiosus rheumatisch bedingter Entzündungsmechanismen gegenüberzustellen (Abbildung 2). Wesentlich ist, daß im Falle der entzündlichen Erkrankungen eine Systemerkrankung zugrunde liegt, während es sich bei den degenerativen Überlastungsschäden in der Regel – Ausnahme beispielhaft Polyarthrosen – um lokalisierte Erscheinungen handelt.

Für die entzündlichen rheumatischen Erkrankungen spielt die Krankheitsaktivität und der Faktor Zeit für die Progredienz der Destruktion eine besondere Rolle.

Daraus läßt sich ableiten, daß gerade im Verlauf der progredienten chronischen Polyarthritiden Überlastungsschäden und Fehlbelastungen sowie daraus resultierende zusätzliche Destruktionen und Deformitäten sich vielfach kurzfristig entwickeln und aufzeigen lassen.

Patienten mit chronischer Polyarthritis beteiligen sich nur in geringem Maße an Sportaktivitäten. Während etwa 50% therapeutische Übungen und Schwimmen ausüben, treiben darüberhinaus lediglich noch 7,2% andere Sportarten (5).

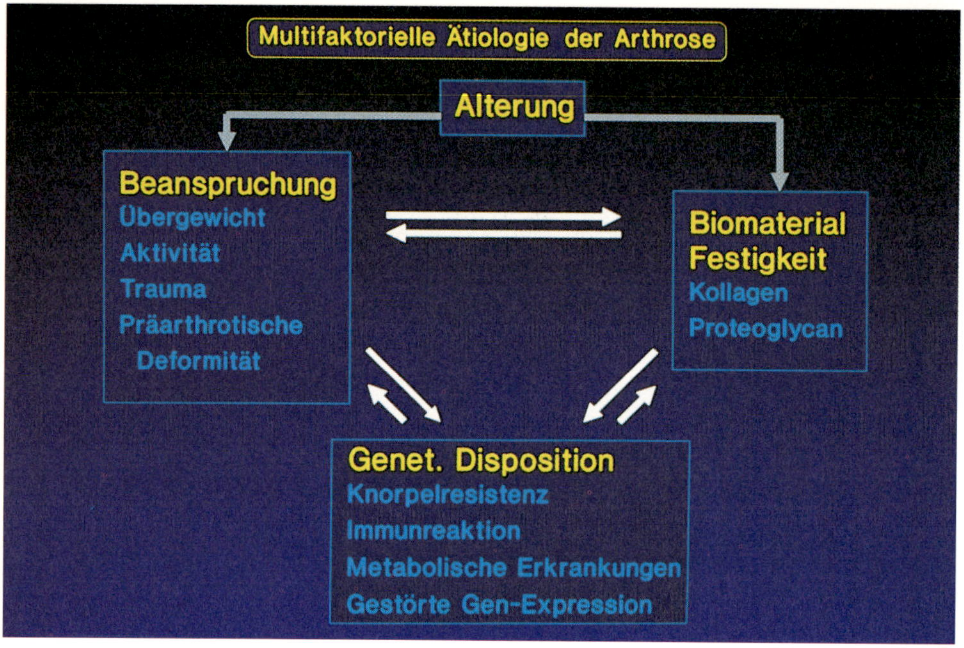


***Abbildung 1:*** *Multifaktorielle Ätiologie degenerativer Erkrankungen*

Ein entscheidender Grund dafür mag sein, daß die Rheumatiker bisher keine allgemeine soziale Förderung im Rahmen des Behindertensportes finden, obwohl ein entsprechender Bedarf besteht. Eine weitere Problematik ergibt sich dadurch, daß individuell eine unterschiedliche Prognose besteht und die allgemeine und lokale Belastungsminderung bei entzündlichen rheumatischen Erkrankungen Überlastungsschäden bei Aktivitäten des täglichen Lebens begründet.

Demgegenüber ist für rheumatische Erkrankungen nachgewiesen, daß nach gewissem Training die muskuläre Kraft sich verstärkt und persistierende Gelenkdestruktionen verlangsamt werden können (2,7).

Zunächst ist erneut entschieden darauf hinzuweisen, daß »Rheuma« keine Krankheitsentität darstellt, sondern vielmehr eine Vielfalt von Krankheitsbildern beinhaltet, die unter anderem mit Arthritiden einhergehen. Hierbei können sich Mono-, Oligo- oder Polyarthritiden einstellen. Nur für wenige entzündliche Erkrankungen sind ätiologische Definitionen, unter anderem bei der Lyme-Borreliose, als gesichert anzunehmen. Die Behandlung erfolgt im wesentlichen symptomatisch.

Die Ähnlichkeit des lokalen Verlaufes chronischer Arthritiden bzw. Polyarthritiden

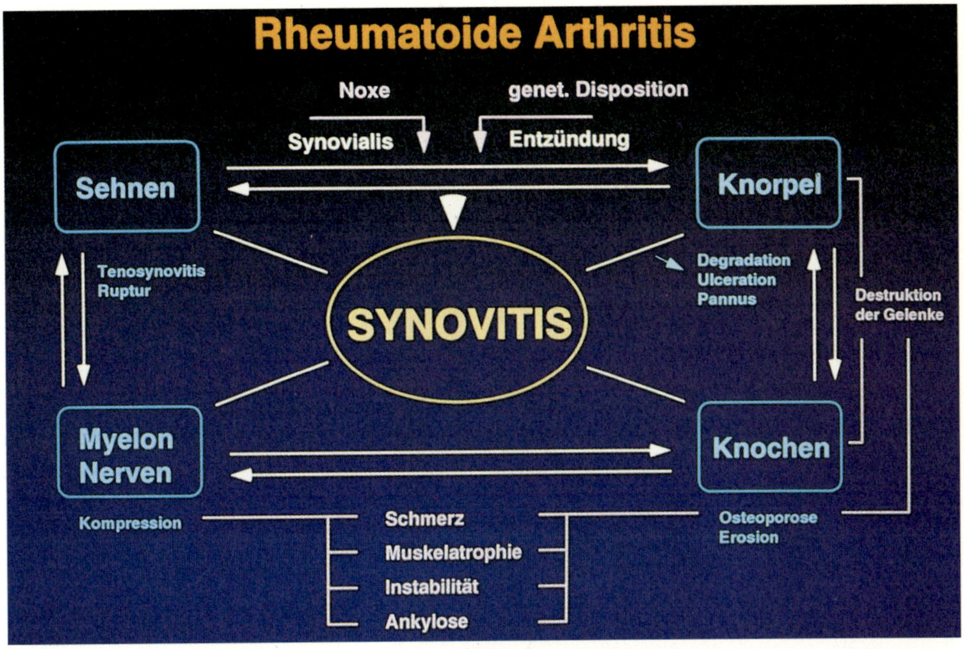


***Abbildung 2:*** *Rheumatische Entzündungsmechanismen des Bewegungs- und Stützorgans*

läßt es zu, die besonderen Merkmale unter dem Gesichtspunkt der Überlastung des Bewegungs- und Stützorganes geschlossen zu betrachten. In besonderem Maße sind für die rheumatischen Erkrankungen das Alter der Patienten und die Krankheitsaktivität bzw. der Krankheitsverlauf zu beachten.

Die juvenilen chronischen Arthritiden stellen durch die Entzündung eine besondere Gefährdung für das wachsende Skelett dar. Offene Epiphysenfugen werden durch die Arthritiden mit konsekutiver muskulärer Imbalance, Gelenkdestruktion und -kontraktur Fehlbelastungen unterworfen, bevor eine Überlastung im engeren Sinne zu verzeichnen ist. Resultierende, z. T. erhebliche Gelenkfehlbildungen sind jedoch hinsichtlich einer Überlastung im langfristigen Krankheitsverlauf besonders zu schützen.

Bei Manifestation der Arthritiden im Erwachsenenalter besteht in Abhängigkeit vom psychosozialen Status, der Arbeitsbelastung und der Freizeitgestaltung eine besondere Beziehung zwischen dem Krankheitsverlauf und möglichen Überlastungsschäden. In unterschiedlichem Maße sind die vom Patienten gewünschten und erzielbaren körperlichen Aktivitäten vom Stadium der Erkrankung wesentlich beeinflußt.

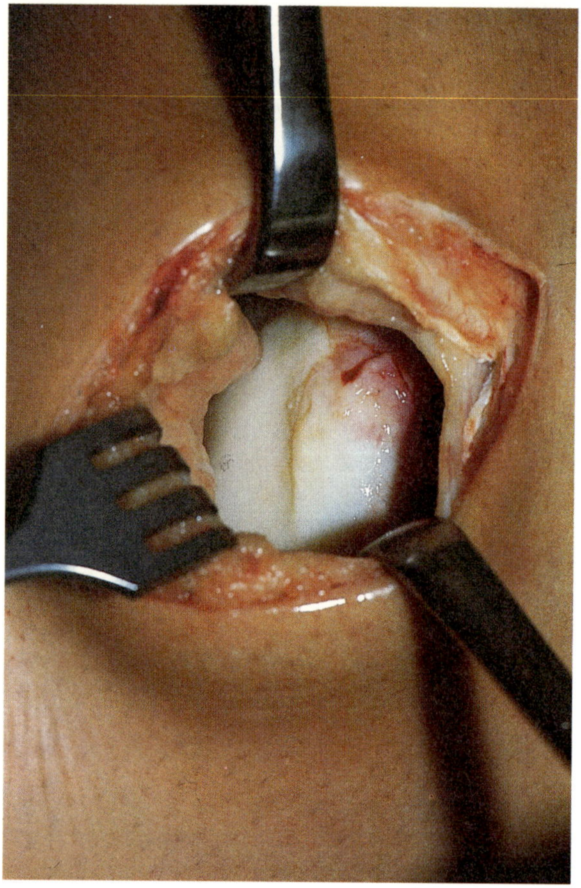

***Abbildung 3:***
*Pannus überwuchert Gelenkknorpel*

Im Frühstadium der Erkrankung werden die gewohnten körperlichen Aktivitäten durch Gelenkschwellungen in geringem Maße beeinträchtigt. In der Regel werden die Belastungen reduziert, um die Synovitiden durch zusätzlichen Reiz nicht zu steigern. Durch systemische und lokale medikamentöse Therapie werden die entzündlichen Faktoren reduziert, um darüberhinaus in physikalischer Therapie die gewohnten Leistungen zu ermöglichen.

Bei progredientem Verlauf ist mit Behinderungen zu rechnen. Durch interdisziplinäre Kooperation zwischen internistischen und orthopädisch-chirurgischen Rheumatologen werden neben medikamentösen Therapieformen operative Maßnahmen durchgeführt, um die Krankheitsaktivität und Schmerzen zu reduzieren sowie die Funktionskapazität zu erhalten bzw. im destruktiven Stadium wiederherzustellen. Die präventiven medizinischen und rekonstruktiven operativen Maßnahmen besitzen einen hohen Stellenwert zur Erhaltung der Arbeitsfähigkeit. Ohne diese ist bei

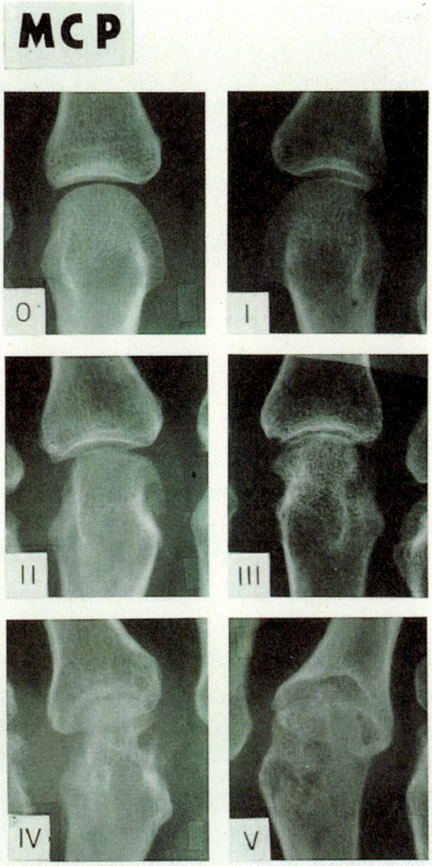


***Abbildung 4:***
*Röntgenstadien nach*
LARSEN, DALE, EEK
*(z. B. Fingergrundgelenke)*

chronischer Polyarthritis bereits nach 8 Jahren Verlaufsbeobachtung bei kaum mehr als 1/3 der Patienten mit Arbeitsfähigkeit zu rechnen. In mehr als 40% ist nach diesem Zeitraum bereits Erwerbsunfähigkeit zu verzeichnen (4).

Im Rahmen von Systemerkrankungen der Arthritiden, besonders der Polyarthrititis, sind alle Strukturen des Bewegungs- und Stützorgans involviert. Überlastung im Stadium der akuten Entzündung wirkt sich arthritisch fördernd aus. Demgegenüber kann bei Remission davon ausgegangen werden, daß eine mögliche Exazerbation induziert wird.

**Überlastungen des Knorpels**

Der Gelenkknorpel wird unter Einfluß der Synovitis und Ergußbildung vorzeitig degradiert. Enzymatische Reaktionen führen zu einer Belastungsminderung des

Knorpels. Zudem greift die Synovialis durch »Pannusgewebe« auf den Knorpel über, der hierdurch eine unmittelbare Zerstörung erfährt. Gefäßreiche Zellformationen greifen hierbei auf den Knorpel über und können diesen an der Knorpel-Synovialis-Knorpel-Knochengrenze überwuchern (Abbildung 3). Derartige Störungen werden durch nichtinvasive Diagnostik mit der Kernspintomographie darstellbar und zudem arthroskopisch visualisiert. Fissurierungen des Knorpels und Erosionen bedeuten ein frühes Stadium der Destruktion. Zur Vermeidung von Überlastungen und den sich hieraus ergebenden Schäden sind gezielte funktionelle Übungsprogramme unter Vermeidung von hohem Streß im Sinne von Gelenkschutzmaßnahmen vorzusehen.

**Überlastungen des Knochens**

Anhand der Stadieneinteilung nach LARSEN, DALE, EEK (6) ist im Frühstadium der entzündlichen rheumatischen Destruktion eine gelenknahe Atrophie des Knochens krankheitstypisch (Abbildung 4). Im Gegensatz zu Überlastung bei degenerativen Erkrankungen ist der Knochen bei Rheumatikern mit entzündlicher Aktivität nicht in der Lage, durch Sklerosierung und osteophytäres Wachstum den Mechanismen der Überlastung zu begegnen. In typischer Weise finden sich Usuren der Gelenkknochen im Frühstadium bereits im Bereich der Kollateralbänder, die als Druckulzeration und als Zeichen der Überlastung zu deuten sind. Die weitere Progredienz der Gelenkzerstörung ist nicht nur Folge des Entzündungsprozesses. Sie ist vielmehr die auf dem Boden der Entzündung konsekutive Kombination aus Belastungsminderung und der Schädigung durch Überlastung der Gelenkstrukturen. So stellt beispielhaft die Protrusion des Azetabulum einen typischen Überlastungsschaden des osteoporotisch veränderten Pfannengrundes im Verlauf der chronischen Polyarthritis dar. Vergleichbar sind auch die Überlastungsschäden an der Wirbelsäule aufgrund der im Rahmen der Polyarthritis entstehenden Osteoporose durch Wirbelkörpersinterung und -frakturen zu nennen.

**Überlastungen der Sehnen/Bänder**

Mit der Beteiligung des Sehnengleitgewebes und der Sehnen finden wir ein weiteres Substrat für die entzündlichen Vorgänge im Rahmen rheumatischer Erkrankungen. Die Tenosynovitis der Sehnen der Fingermuskeln im Bereich der Streck- und auch Beugesehnen an der Hand führt, ebenso wie im Bereich der Peronealsehnen, zu sogenannten »Spontanrupturen«. Ätiologisch ist die entzündliche Alteration einerseits und die relative Überlastung bei Aktivitäten des täglichen Lebens grundlegend, die zur klinisch manifesten Funktionsminderung führt. Während in der Sportmedizin die akute Ruptur von Sehnen bzw. chondroide Metaplasien unter anderem im Bereich der Rotatorenmanschette oder des korakoakromialen Bandes zu Beschwerdesymptomatik führen, gehen die Destruktionen der Sehnen bei entzündlichen rheumati-

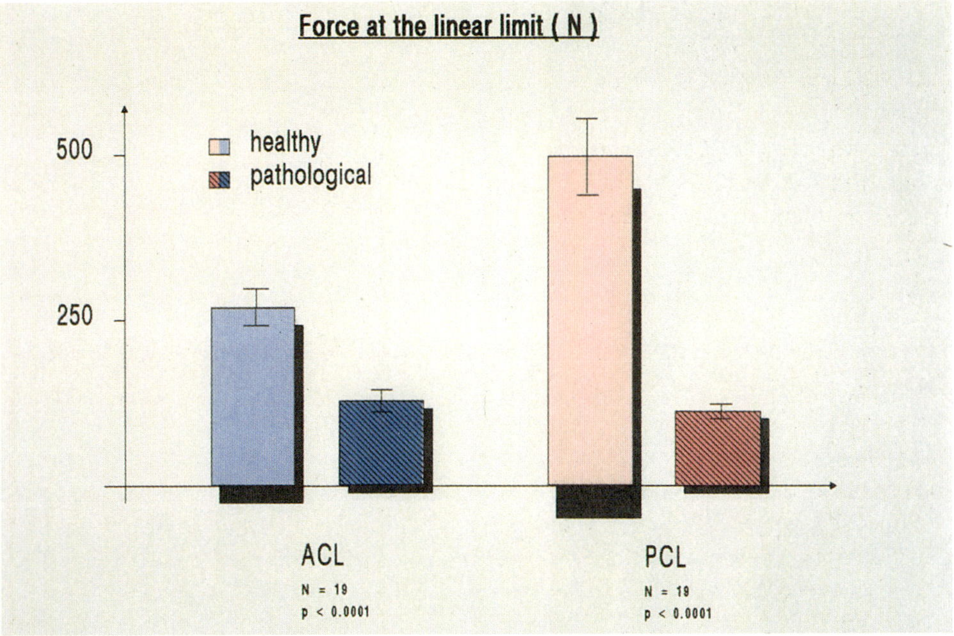


***Abbildung 5:*** *Mechanische Reißfestigkeit der vorderen (ACL) und hinteren (PCL) Kreuzbänder im Vergleich gesunder und arthritischer Präparate*

schen Erkrankungen nicht unmittelbar mit einer Schmerzsymptomatik einher. So bleiben bei Rheumatikern spontane Rupturen der vorderen Kreuzbänder in der Regel inapparent. Im Rahmen der Knieprothesenimplantation stellten wir in etwa 25% einen Defekt des vorderen Kreuzbandes fest. Untersuchungen über die Stabilität des Kreuzbandes ließen nachweisen, daß bei Rheumatikern die Reißfestigkeit gegenüber gesunden Kreuzbändern um den Faktor 4 vermindert ist (1) (Abbildung 5). Folge ist die zu beobachtende Destabilisierung der Kniegelenke. Überlastungen der Bandstrukturen bewirken neben den entzündlichen Veränderungen an den Gelenkstrukturen Belastungsminderung und Fehlstatik der Beinachsen (Abbildung 6).

Einen entsprechenden Verlauf nehmen die Sehnen der Rotatorenmanschette am Schultergelenk. Ausgedehnte Rupturen der Rotatorenmanschette und bestehende Destruktionen des Schultergelenkes veranlaßt heute, um einen vorzeitigen Überlastungsschaden der Rotatorenmanschette zu verhindern, möglichst frühzeitig den Entzündungsmechnanismus durch Synovektomien in arthroskopischer oder offener Technik zu entfernen. Als Zeichen der Überlastung stellen wir röntgenologisch das sog. VELPAU-Zeichen, d. h. eine kraniale Subluxation des Humeruskopfes gegenüber dem Glenoid fest. Dabei kann auch die Ruptur der langen Bizepssehne im Sulcus

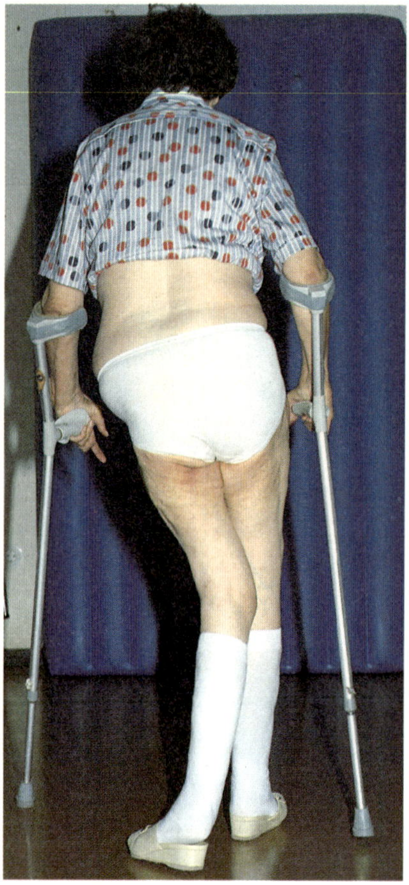

***Abbildung 6:***
*Fehlstatik der Beinachsen bei cP*

bicipitalis diese Entwicklung begünstigen. Durch die Ruptur der langen Bizepssehne wird das Gleichgewicht mit der kurzen Bizepssehne gestört. Wirkt das Caput longum durch den intraartikulären, über den Humeruskopf ziehenden Verlauf einer kranialen Dislokation entgegen, so führt nach dessen Ruptur der Zug des Caput breve mit Insertion am Processus coracoideus zur kranialen Subluxation.

Das Caput breve ist extraartikulär gelegen und nicht am Entzündungsprozeß beteiligt. Folglich kann nach Ruptur der Bizepssehne und der Rotatorenmanschette auch das knöcherne Schulterdach mit dem Akromioklavikulargelenk zerstört werden.

Im einzelnen ist nicht zu klären, welchen Stellenwert die rheumatisch induzierte Pathologie der Sehnen auf die Überlastung hat. In allen Fällen ist zusätzlich der Faktor der Alterung und Überlastung, in Einzelfällen auch ein möglicher vorbestehender Überlastungsschaden in Rechnung zu stellen.

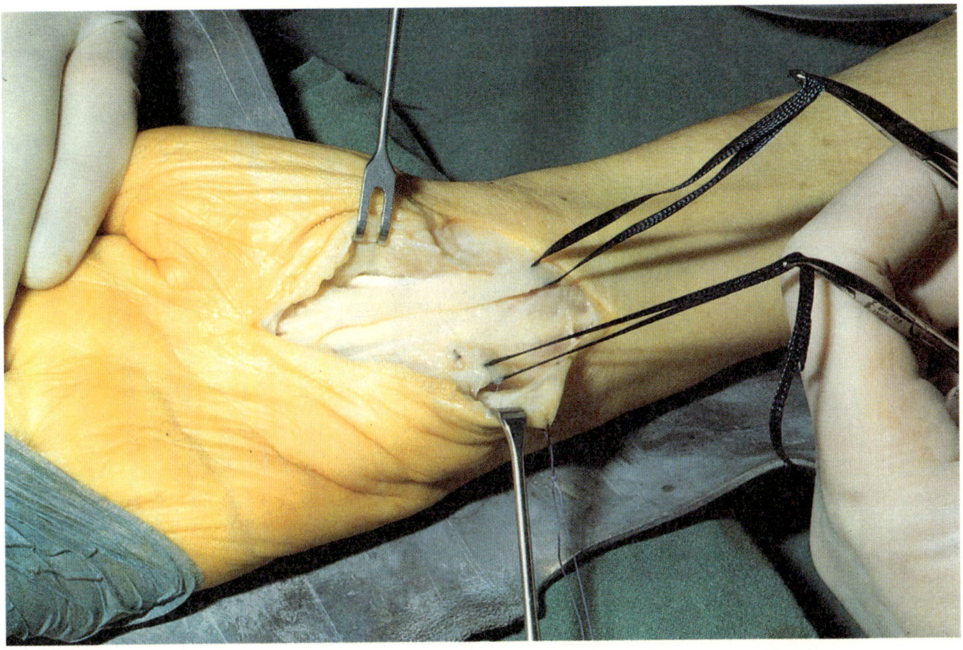

***Abbildung 7:*** *Karpaltunnel mit Kompression des N. medianus (und Darstellung des N. ulnaris)*

**Muskulatur**

Die muskuläre Schwäche, die bei langfristigem Verlauf rheumatischer Erkrankungen typisch ist, ist die Folge verschiedener Einzelfaktoren. Schmerzbedingt wird besonders im akuten Schub eine Schonhaltung eingenommen und die aktive Beweglichkeit reduziert. Die morgendliche Steifigkeit verunmöglicht eine koordinative Bewegung und Belastung der Gliedmaßen. Einen weiteren Faktor stellen medikamentöse Therapieformen, z. B. die Steroidmedikation, dar. Im Spätstadium treten zudem myelopathische, radikuläre oder peripher neurogene Innervationsstörungen hinzu (siehe unten). Im Gegensatz zu degenerativen Störungen mit Muskelfaserrissen sind derartige Überlastungsschäden bei rheumatischen Erkrankungen selten. Vielmehr stehen Muskelminderung und Muskelschwäche im Vordergrund.

**Überlastungsschäden der Nerven**

Überlastungsschäden des Myelon und peripherer Nerven werden häufig bei rheumatischen Erkrankungen beobachtet. Der Nervus medianus wird im Karpaltunnel durch Tenosynovitiden im Sinne der Raumforderung komprimiert (Abbildung 7).

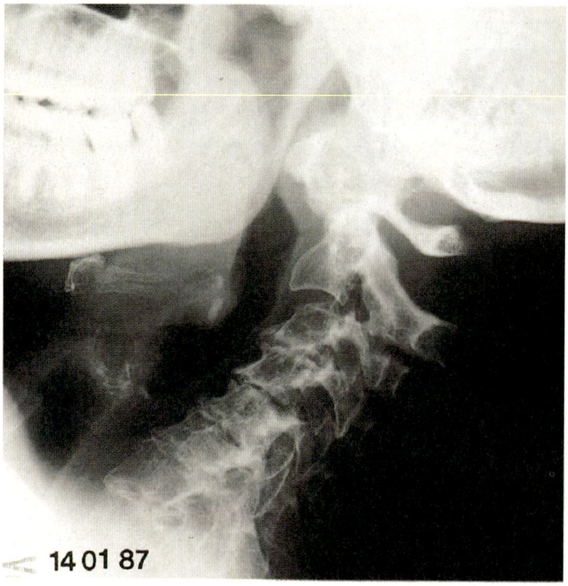


***Abbildung 8:***
*Instabilität $C_1/C_2$ und $C_2/C_3$ bei Zervikal-Arthritis*

Entsprechend sind neurophysiologisch Nervenleitstörungen nachweisbar. Im Bereich des Ellenbogengelenkes werden Kompressionssyndrome des Nervus ulnaris durch chronische Synovitiden und auch knöcherne Destruktionen im Sulcus ulnaris beobachtet.

Schwerwiegend sind die Instabilitäten des zerviko-kranialen Überganges, diese bedingen Fehlstellungen im Sinne der vertikalen Dislokation und Dens-Invagination wie auch die horizontale Dislokation, im besonderen zwischen C 1 und C 2. Eine Überlastung des Myelons in diesem Bereich, gekoppelt mit großen Pannusmassen am Dens axis, führen zu gravierenden Alarmsignalen, die gelegentlich ein rasches operatives Vorgehen erforderlich machen (Abbildung 8).

Komplexe Vorgänge, bei denen Destruktionen der Gelenke, eine Destabilisierung des Kapselbandapparates und die Minderung der muskulären Kompensationsmöglichkeiten zusammenwirken, werden durch Gangstörungen, Funktionsstörungen der oberen Extremitäten wie auch durch die Imbalance des Achsorganes beobachtet.

Im Rahmen von Ganganalysen finden wir Änderungen des Geh-Aktes (Abbildung 9). Das Abrollverhalten des Fußes ist gestört. Durch Fehlstellung der Zehen, Abflachung des Längs- und Quergewölbes der Füße wie auch Valgusfehlstellung des Rückfußes entsteht ein stelzendes Gangbild, bei dem Schwielenbildungen an typischen Stellen an den Zehengrundgelenken und im Bereich des Kahnbeines am Fuß

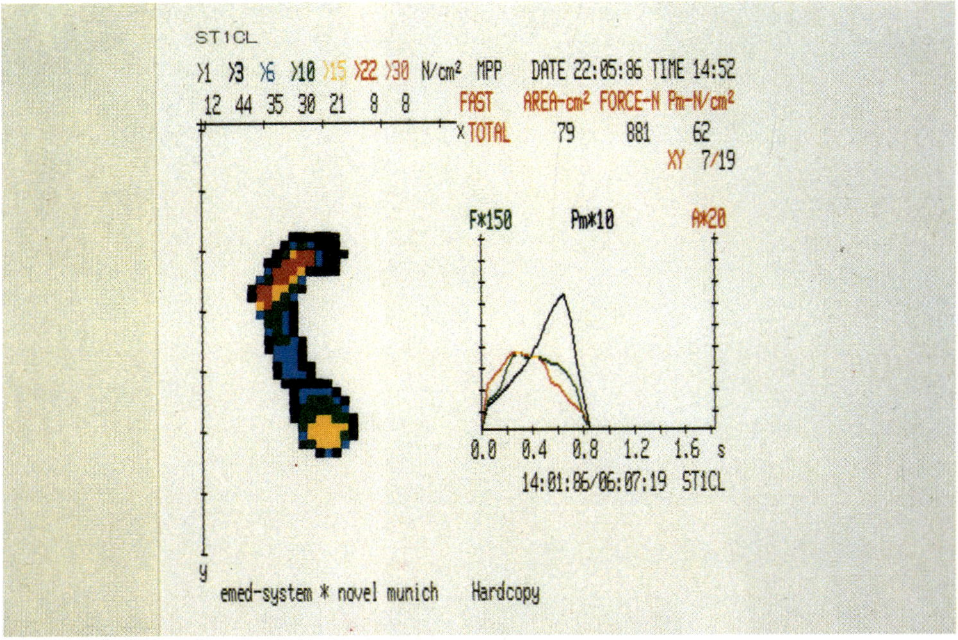


***Abbildung 9:*** *Pedogramm (NOVEL) mit Ganganalyse bei rheumatischer Vorfußdeformität*

bis zur Perforation des Knochens führen können (Abbildung 10). Abschließend sei die mögliche Überlastung des endoprothetisch vesorgten Patienten angesprochen.

**Konklusion**

Die rheumatische Gelenkerkrankung stellt eine Herausforderung an die multidisziplinäre Interaktion dar. Die individuelle medikamentöse Therapie mit systemischer Wirkung findet nicht in allen Fällen den gewünschten Erfolg. Diese systemische und lokale Reduzierung der Entzündungsaktivität muß durch operative Maßnahmen ergänzt werden, um die Belastungsminderung für den Patienten, bedingt durch die Involvierung aller Strukturen zu verhindern. Die physikalische Therapie hat zur Zielsetzung, fortdauernd adaptiert durch entsprechende Programme die körperliche Aktivität aufrecht zu erhalten. Ergänzt wird die Behandlung durch lokale präventive, palliative oder rekonstruktiv operative Maßnahmen.

Die Integrität des Gesamtindividuums ist von entscheidender Bedeutung, um die gravierenden Überlastungen, die durch die Entzündungsmechanismen frühzeitig eintreten, dem physiologischen Maße anzugleichen. Das heißt, die Belastungs-

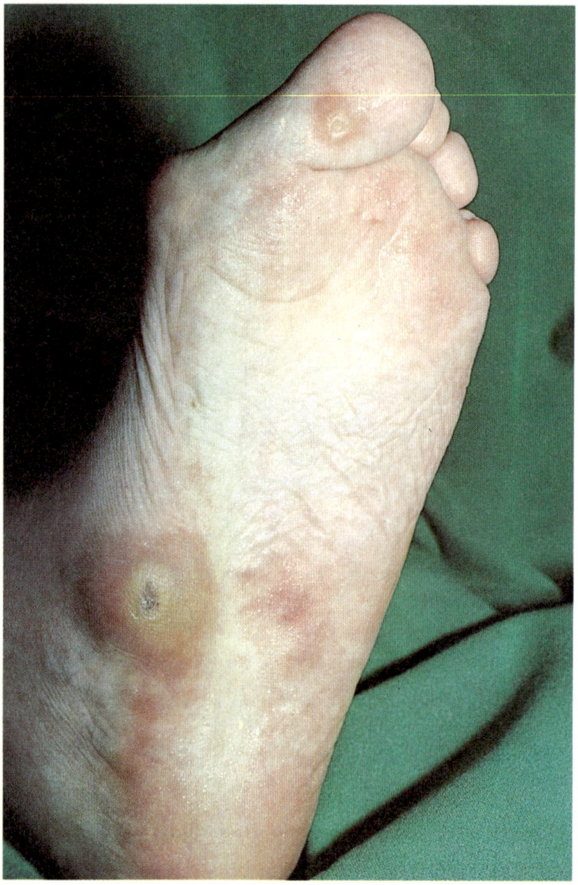

***Abbildung 10:***
*Rheumatischer Plattfuß mit chronischem Ulkus der Fußsohle und Perforation des Os naviculare pedis*

minderung muß durch eine entsprechende Therapie aufgehalten werden. Selbst nach Implantation von Endoprothesen ist der muskuläre Status in günstigem Zustand zu erhalten, um Überlastungen vorzubeugen. Demgegenüber sind in den Spätstadien langzeitwirksame Belastungen und hochwirksame Stoß- bzw. Schockeinwirkungen zu reduzieren. Die rheumatische Destruktion am Bewegungs- und Stützorgan bewirkt eine frühzeitige Belastungsminderung, auf deren Grundlage bereits durch Aktivitäten im täglichen Leben Schäden im Sinne der Überlastung entstehen. Die beteiligten Strukturen sind durch eine optimale Therapie und abgestimmte Gelenkschutzmaßnahmen interdisziplinär vor Schädigungen zu bewahren.

Dieses bedeutet, daß auch für Rheumapatienten unter Vermeidung möglicher Überlastungen gezielte sportliche Aktivitäten zur Bewahrung der Funktionskapazität und des Wohlbefindens ggfs. unter ärztlicher Betreuung in einem Therapieplan aufgenommen werden können.

**Zusammenfassung**

Durch die Destruktion bei rheumatischen Erkrankungen wird eine individuelle Belastungsminderung mit unterschiedlicher Lokalisation am Bewegungs- und Stützorgan induziert. Stadienabhängig sind für die Gewebsstrukturen Überlastungsschäden festzustellen, die bereits im Rahmen der Aktivitäten des täglichen Lebens manifest werden.

Nur durch eine optimale multidisziplinäre Betreuung und Therapie sind Überlastungsschäden zu vermeiden. Eine individuelle, wenn auch zum Teil reduzierte Sportfähigkeit ist unter den Gesichtspunkten des Gelenkschutzes aufrechtzuhalten. Durch endoprothetischen Ersatz wird auch bei bestehenden Überlastungsschäden eine Erhaltung und eingeschränkte Wiederherstellung der funktionellen Kapazität ermöglicht.

*Literatur:*

1. *Hagena, F.-W., et al.:*
The cruciate ligaments in knee replacement
International Orthopedics (SICOT) 13 (1989) 13–16

2. *Harkcom, T. M., et al.:*
Measurement of exercise tolerance in patients with rheumatoid arthritis and osteoarthritis
J. Rheumatol. 12 (1985) 458

3. *Jürgens, K. G., et al.:*
Möglichkeiten zur Objektivierung von rheumatischen Vorfußdeformitäten
Akt. Rheumatol. 12 (1987) 3–8

4. *Kaarela, K., et al.:*
Work capacity of patients with inflammatory joint diseases
An 8 year follow-up study
Scand. J. Rheumatol. 16 (1987) 403–406

5. *Krüger, K.:*
Rheumatoid Arthritis and Sports
in: Rheumatic Diseases and Sport
ed.: Baenkler, H.-W.
Rheumatology, Karger, Basel
Vol. 16 (1992) 219–227

6. *Larsen, A., Dale, K., Eek, M.:*
Radiographic evaluation of rheumatoid arthritis and related conditions by standard reference films
Acta radiol (Diagn.) 18 (1977) 481–491

7. *Nordemar, R., et al.:*
Physical training in rheumatoid arthritis
A controlled long-term study
Scand. J. Rheumatol. 10 (1981) 17

E. Senn

# Physikalische Behandlungsmöglichkeiten bei Sport- und Überlastungsschäden

Für die Strukturen und Organe des Bewegungsapparates ist der an sich allgemeingültige Zusammenhang zwischen Grad bzw. Art der Funktionsbelastung und der dadurch in Gang gesetzten Strukturadaptation von ganz besonderer Bedeutung. Genauso wie für jede Funktion die Möglichkeit des Trainings existiert, kommt es als Folge sowohl einer Unter- als auch dystroph wirksamen Überlastung zu einer Dekonditionierung und Entdifferenzierung der Gewebe. Die Überlastungsgefahr ist verständlicherweise bei untertrainierten Strukturen besonders hoch.

Beim Bewegungsapparat spielen die vielfältigen mechanischen, im Gegensatz beispielsweise zu den biochemischen oder thermischen Belastungen eine dominierende Rolle. Dementsprechend empfindlich reagieren die Strukturen auf Stärke, Häufigkeit und Qualität der Belastungen. Form, innere Architektur und Funktionskapazität aller Teile des Bewegungsapparates sind das Resultat der vorangegangenen, regelmäßigen Belastungen.

## I. Charakteristika funktioneller Therapieansätze

Die Reduktion der physikalischen Therapie auf die jeweilige fachbezogene Nachbehandlung (Orthopädie, Traumatologie, Sportmedizin) sowie auf wenige, schlagwortartig häufig wiederkehrende Therapiemöglichkeiten wie beispielsweise »Krankengymnastik«, »Iontophorese« oder »Ultraschall« war im Grunde nie gerechtfertigt; diese Art des Umgangs mit den funktionellen Therapieansätzen kann immer weniger verantwortet werden. Es gibt eine Reihe gewichtiger Gründe, warum auch die funktionell-physikalische Therapie professionell verordnet und überwacht werden muß.

- Der wachsende Reichtum weitverstreuter Kenntnisse über die biologischen Grundlagen der Wirkungsweise physikalischer Maßnahmen: Adaptionsphysiologie, sensomotorische Lehr-Lern-Strategien, Gesetzmäßigkeiten der Erholung und Regeneration, Chronobiologie usw.;

- Interdisziplinarität der beteiligten Gewebe, Organe und Funktionssysteme am Zustandekommen vieler Funktionsschwächen und -beschwerden: Gelenke, Muskulatur, schmerzbedingte Fehlinnervationen, Fehlhaltungen, Atmungsprobleme, Ungleichgewicht der Belastbarkeit verschiedener Gewebe des Bewegungsapparates;

- Zunahme der Zahl verschiedenartigster, teils sehr differenzierter krankengymnastischer Behandlungstechnik und Strategien, die den verschiedenen Mustern gestörter Haltungen und Bewegungsmöglichkeiten zugeordnet werden müssen;

- zunehmende Vertiefung der Einsichten über die Genese und das Wesen der verschiedenartigsten chronischen Schmerzzustände, insbesondere des Bewegungsapparates.

Die physikalische Therapie als Teil der physikalischen Medizin und damit das Ergebnis einer physikalischen Denkweise und Diagnostik basiert primär auf der Vernetzung von Kenntnissen und Untersuchungsergebnissen verschiedenster medizinischer Fachgebiete; sie ist damit wesentlich fachübergreifend. Die Schwierigkeit für den Nicht-Spezialisten besteht nicht nur in der Unsicherheit, die ganz verschiedenartigen, teils auch neuen oder scheinbar neuen Verfahren zu werten und den diagnostischen Ergebnissen zuzuordnen, sondern auch im mangelnden Vertrautsein mit den anthropologischen und damit auch psychologischen Aspekten des menschlichen Bewegungsverhaltens, die selbstverständlich – gewünscht oder ungewünscht – neben den rein sensomotorischen Gesetzmäßigkeiten stets eine beträchtliche, therapeutisch zu berücksichtigende Rolle spielen. In dieser Hinsicht kommen in die Entstehung und Therapie von Sport- und Überlastungsschäden Probleme hinein, die über die naturwissenschaftliche Betrachtungsweise hinausgehen und die kaum exakt faßbaren, kunsthandwerklichen Fähigkeiten der Therapeuten zum Tragen bringen. Wer diese Charakteristika der funktionellen Therapien nicht akzeptiert und positiv beurteilt, wird sich mit diesen Therapiemöglichkeiten stets schwer tun.

## II. Pathophysiologisch-physikalische Gedanken

Ziele und Inhalte der posttraumatischen bzw. postoperativen Nachbehandlung bzw. Rehabilitation sowie der Therapie bzw. Prophylaxe von Überlastungsschäden überlappen breitflächig. Die therapeutisch zu berücksichtigenden pathophysiologischen Vorgänge sind – soweit überhaupt bekannt – weitgehend gleicher Natur. Die gewebsschädigende Einwirkung erfolgt entweder während eines eigentlichen Unfalles, einer plötzlichen Überlastung, in Form einer wiederholten Traumatisierung oder aber im Verlaufe einer bloßen chronischen Überlastung. Das derzeitige Defizit im Verständnis für das Wesen der Überlastung besteht in den unklaren und großenteils hypothetischen Vorstellungen über die Gewebsveränderungen, die sich als Folge einer Überlastung einstellen.

Folgende *Problemkreise* lassen sich rein deskriptiv erfassen und bedürfen weiterführender Untersuchungen:

### *1. Reaktionen des Sehnengewebes auf Überlastungen*

Bei der Lokalisation von Sehnengewebsreaktionen ist zwischen dem Muskelsehnenübergang, dem eigentlichen Verlauf der Sehne samt Scheide und paratendinösen Geweben und dem Einstrahlungsgebiet in die Kortikalis des Knochens zu unterscheiden. Erfahrungsgemäß ist der Muskelsehnenübergang am empfindlichsten, und die Ansatztendinosen sind am schwierigsten zu behandeln.

Zur Pathophysiologie der Überlastungsreaktionen von Sehnen lassen sich drei Gedanken zusammentragen:

- Der Gedanke des mechanisch verursachten Entzündungszustandes, der stenosierend bzw. konstringierend wirken kann; neben chirurgischen Entlastungen drängen sich antientzündliche und entlastende physikalische Maßnahmen auf.

- Der Gedanke der fokalen Kerndegeneration bzw. eigentlicher, lokalisierter Gewebsnekrosen, die möglicherweise durch lokale Ischämien bedingt sind; als physikalische Maßnahmen kommen dafür mechanische bzw. funktionelle Entlastungen in Frage, die unter striktem Verzicht auf Immobilisierungen – z. B. Gipsverbände – durchzuführen sind.

- Der Gedanke des überstürzten Umbaus als direkte Folge der Materialüberbeanspruchung, wobei die reaktive übermäßige Gewebeneubildung den Gewebeabbau quantitativ übertrifft: Die Strukturen werden grob, bleiben undifferenziert und damit wenig belastbar; die physikalische Therapie bietet zahlreiche trophisch wirksame, strukturdifferenzierende Trainingsreize an.

### *2. Reaktionen der Muskeln auf Überlastungen*

Beim Muskel als Organ gilt es topographisch zwischen dem eigentlichen Muskelgewebe, dem Faszienschlauch und dem Strukturbindegewebe innerhalb des Muskels zu unterscheiden. Zur Entstehung der hauptsächlich morphologischen, aber auch funktionellen Veränderungen im Sinne von Überlastungsreaktionen sind folgende Gedankengänge bzw. Hinweise vorgebracht worden:

- Der Gedanke der betonten Muskelfaser-Typ I-Atrophie, die am wahrscheinlichsten ein Resultat reflexdystropher Prozesse ist; es kommt nach betont schmerzhaften Gewebszuständen innerhalb des Bewegungsapparates zu einer örtlichen Verschiebung der Menge an Muskelfasern zugunsten der Typ II-Fasern, so daß die Ermüdbarkeit zu- und die Ausdauerleistungsfähigkeit abnimmt; diese Tatsache weist auf die Bedeutung einer konsequenten Schmerztherapie hin.

- Der Gedanke der Veränderungen der mechanischen Eigenschaften des Muskelgewebes, hauptsächlich der Verformbarkeit, deren Ursache möglicherweise in lokalen Energiemangelzuständen zu suchen ist; diese führen zu entzündungsähnlichen Faserschwellungen oder gar -untergängen, zu bleibenden und sich addierenden Restverkürzungen nach Kontraktionen, ähnlich dem Zustand der Totenstarre, sowie zur Sensibilisierung von Schmerzrezeptoren; hier gilt es, zusätzlich zur Durchführung von Dehntechniken mittels lokalwirkender Massagegriffe alle notwendigen und möglichen Reize zur trophischen Verbesserung zu setzen.

- Der Gedanke der Motoneuronenblockierung durch schmerzhafte Afferenzen aus dem Bewegungsapparat, die den Zugang der zentralen Willküraktivität zu bestimmten Motoneuronengruppen und damit bestimmten Muskelanteilen zu hemmen vermögen; dagegen können mit recht gutem Erfolg alle krankengymnastischen und elektrotherapeutischen sog. Rekrutierungstechniken eingesetzt werden.

- Der Gedanke der irritierten Faszien und neuromuskulären Hili, die am ehesten das Produkt dystropher Reflexe sind und mit Faszientechniken, die eine spezielle Massageart darstellen, gut angegangen werden können.

### *3. Das Problem des funktionell-trophischen Zusammenhangs zwischen Muskeln und deren Sehnen*

Probleme der Mechanik, der Trophik oder auch der Schmerzhaftigkeit breiten sich von den Sehnen sehr gerne auf die dazugehörigen Muskeln und umgekehrt aus. Muskeln, Sehnen und deren Verankerungen in der Kortikalis sind nicht nur mechanisch in Form des Kraftflusses, sondern aller Wahrscheinlichkeit nach auch nervös miteinander verbunden, so daß sich Störungen der Empfindlichkeit, der vasalen Regulation und der Trophik sehr wohl entlang dieser Strukturkette ausbreiten können. Am Ende der Entwicklung präsentiert sich der häufige Befund der kombinierten Myotendoperiostosen, die auch als Einheit behandelt werden sollen. Zur Behandlung von überlastungsbedingten Sehnenveränderungen gehört somit stets auch eine solche der dazugehörigen Muskeln und Faszien einschließlich der darin verborgenen Triggerpunkte und umgekehrt.

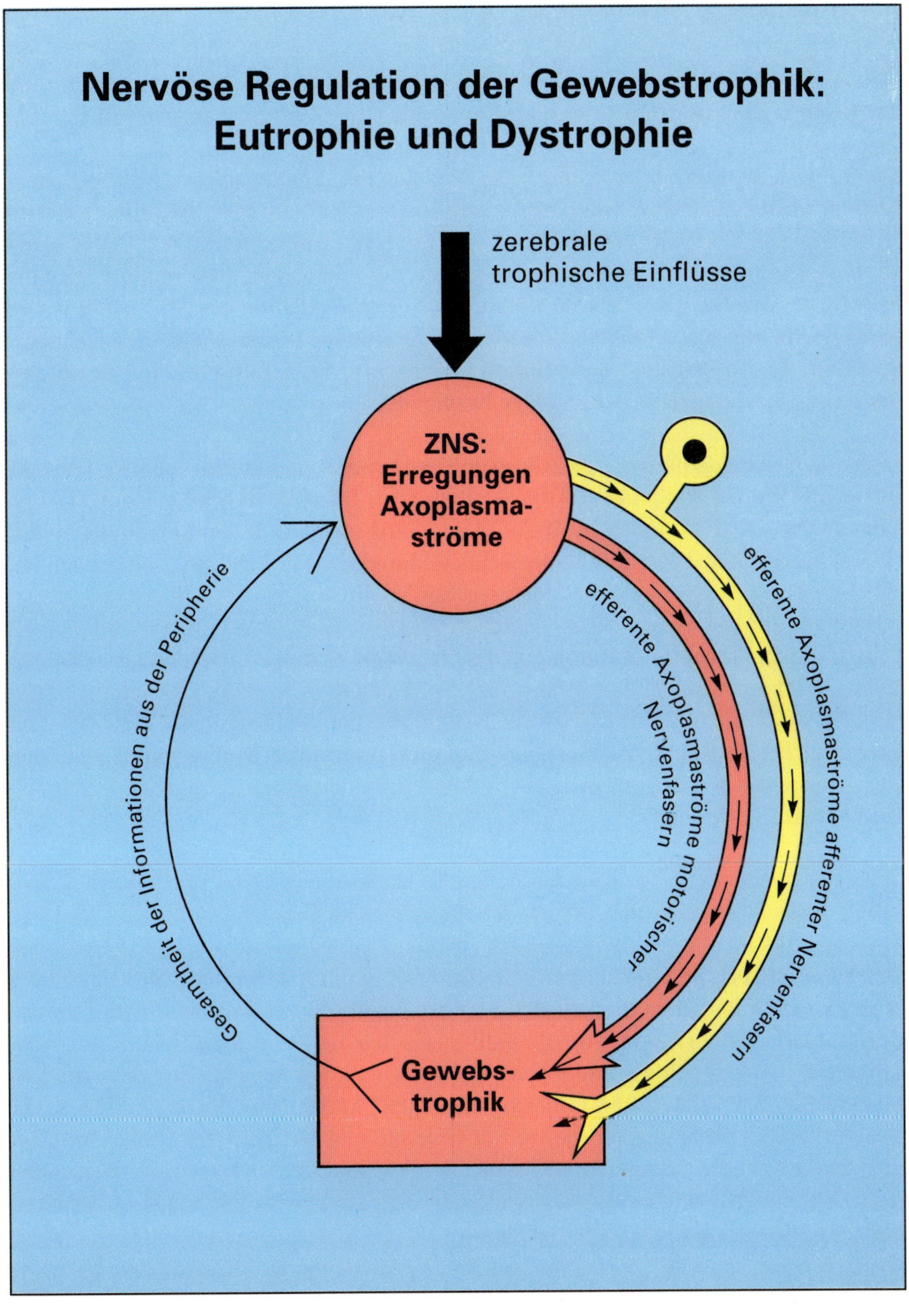


***Abbildung 1:** Nervöse Regulation der Gewebstrophik*

*4. Die trophisch negative Wirkung des Schmerzes*

Der sich rasch entwickelnde, mehr oder weniger umschriebene Muskelschwund rund um jeden traumatisierten bzw. operativ revidierten Teil einer Extremität ist eine ganz charakteristische und konstante Erscheinung, die nur zum geringsten Teil durch die Ruhigstellung erklärt werden kann. Bei der Entstehung solcher postoperativer bzw. posttraumatischer Muskelstörungen spielen Reflex- bzw. Regulationskreise (Abbildung 1) eine ganz entscheidende pathophysiologische Rolle. Auf der afferenten Seite sind schmerzhafte Informationen aus dem betroffenen Extremitätenteil die spezifische Ursache einerseits für die efferente Fehlregulation des Muskeltonus und andererseits für die trophisch negative Entwicklung der Muskeln; der sich entwickelnde Gewebszustand des Muskelgewebes wird als Dystrophie und angesichts der Reflexgenese als Reflexdystrophie bezeichnet.

Unter den schmerzhaften, reflexdystroph wirkenden Strukturen spielen Gelenkstörungen wie Entzündungen, Kapselirritationen, Instabilitäten oder Kontrakturen eine häufige und hartnäckige Rolle. Diese arthrogenen Beeinträchtigungen der Gelenkmuskulatur betreffen hauptsächlich die dem Muskeltonus nahestehenden Typ I-Fasern.

Dieser reflexdystrophe Zusammenhang zwischen Schmerz und Gewebszustand, dessen symptomatischer Ausdruck meistens in einem sudeckoiden Schmerzzustand besteht, weist auf die entscheidende Bedeutung des Schmerzgeschehens hin und unterstreicht die Rehabilitationsregel, daß stets zuerst die schmerzverursachenden Gelenke saniert werden müssen, bevor Muskelüberlastungen erfolgreich behandelbar werden.

*5. Die Haut als nervöses Steuerorgan für Funktion und Trophik*

Der Hautschlauch im Gebiete der Gelenke wird durch jede Stellung und Bewegung in vielfältigster und auch in spezifischer Weise beeinflußt. Seine dichte und differenzierte sensible Innervation wird deshalb zusätzlich zur Propriozeptivität zum Ausgangspunkt vieler positiver und negativer Beeinflussungsmöglichkeiten der örtlichen Muskulatur, der Sehnen und Gelenke. Haut und Muskulatur einerseits, Haut und Gelenke andererseits hängen ebenso wie Gelenke und Muskeln untrennbar funktionell und trophisch zusammen. Dies macht die Haut zum wirksamen Angriffsort vieler Therapien, die alle dystroph wirksame Regulationsverbindungen ausschalten und eutroph wirksame aktivieren wollen.

An der Entstehung postoperativer und posttraumatischer Überlastungsschäden innerhalb des Bewegungsapparates sind demzufolge eine Mehrzahl bekannter *pathophysiologischer Prozesse* beteiligt, die alle gleichzeitig therapeutisch berücksichtigt werden müssen:

- die mechanische Entzündung
- die nekrotisierenden lokalen Ischämien
- die zu frühzeitige Belastung undifferenzierter Regenerate
- die Großzahl reflexdystropher Auswirkungen
- die schmerzhaft-reflektorische Motoneuronenblockierung
- die lokale Veränderung der mechanischen Muskeleigenschaften wie Dehnbarkeit oder Verformbarkeit
- die Mitbeteiligung der Faszien, der Muskelsehnenübergänge und der Muskelhili an der Entstehung von Störungen und Schmerzen
- die gegenseitige positive wie negative Beeinflussung von Muskeln, Sehnen und Sehnenansätzen
- die Haut als Steuerorgan und wirksamer Angriffsort vieler funktionell und trophisch positiv wie negativ wirksamer Einflüsse.

## III. Stichworte zu den physikalischen Therapiemöglichkeiten

Im Einzelfall hilft nur die Erhebung einer ganz gezielten, minutiösen Anamnese über die Entstehungsgeschichte der Überlastungssymptomatik und die gekonnte palpatorisch-manuelle Untersuchung, unter allen therapeutischen Möglichkeiten die Schwerpunkte zu legen, damit ein schlüssiges und individuelles Therapieprogramm zusammengestellt werden kann. Im folgenden können die angebotenen Techniken und Verfahren lediglich genannt, nicht aber beschrieben und erklärt werden.

### *1. Die Berücksichtigung der Biomechanik der Be- bzw. Überlastung*

Es ist nicht sinnvoll, mit einer Therapie der Gewebe und Strukturen anzufangen, wenn die ursächlich verantwortliche Art der Überlastung unberücksichtigt bleibt. Zwischen der vermuteten Überlastung und der üblichen, ärztlicherseits verschriebenen, vollständigen Entlastung bzw. sogar Immobilisation liegt die differenzierte Analyse und Veränderung der Qualität der Belastung. Dies beinhaltet:

- Untersuchung der Instrumente, der Geräte, der Ausrüstungen, der Griffe, die bei der Entstehung der Überlastung möglicherweise eine Rolle spielen (vgl. Sprechstunden für Streicher, Tennisspieler usw.)
- Analyse der sportmotorischen Haltungen und Bewegungen (vgl. Tennisstunden und Laufstunden statt physikalische Therapie).

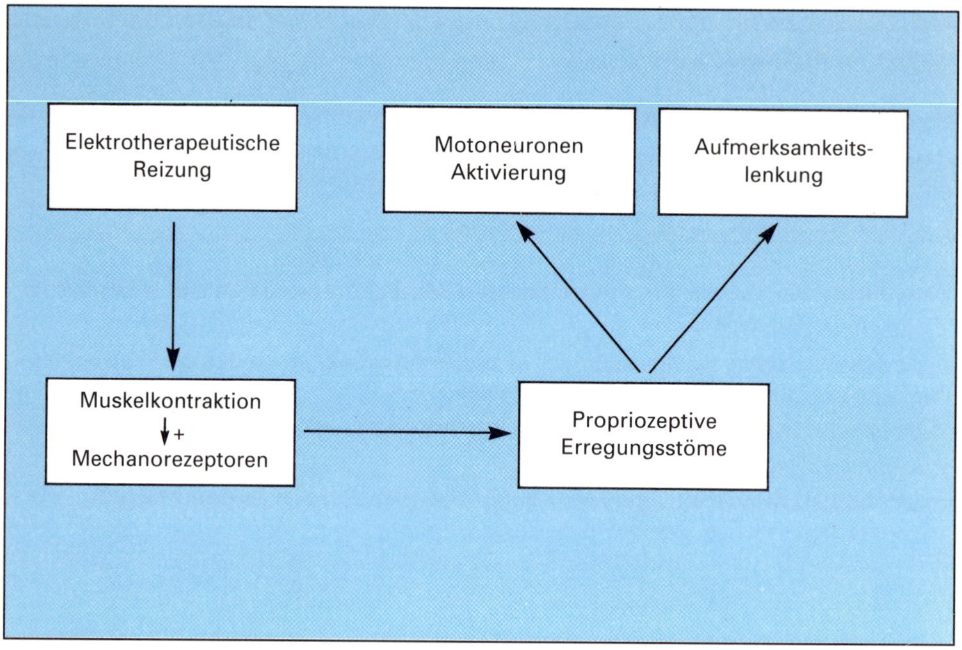


***Abbildung 2:*** *Vorstellung über den Wirkungsablauf während einer elektrotherapeutischen Reizung*

- Prüfung der Materialeigenschaften auf ihre Härte, Stoßabsorptionseigenschaften usw.
- Frage nach Trainingsarten bzw. -geräten mit unphysiologischen Kraftansatzpunkten oder einseitigen Überlastungen (Lauftraining auf Gelände mit monotoner Neigung, Trainingsmaschinen mit Widerständen am Schienbein statt von der Fußsohle her usw.).

### *2. Die Techniken der Motoneuronenrekrutierung*

Therapeutisches und leistungsmäßiges Ziel muß es sein, der Willkürinnervation alle Motoneurone und damit alle motorischen Einheiten zur Verfügung zu stellen. Dies ist keine Selbstverständlichkeit, sondern wird häufig durch verschiedenartige, teils auch ganz alltägliche Störungen des peripheren Bewegungsapparates verhindert. Folgende Techniken stehen zur Verfügung:

- Die krankengymnastische Technik der *Komplexbewegungen nach* KABAT, auch als propriozeptive, neuromuskuläre Förderung (PNF) bezeichnet, regt systematisch die widerstandsempfindlichen Muskelspindeln und die Propriozeptoren der Gelenke an, indem Hin- und Herbewegungen gegen dosierten Widerstand durchgeführt werden.

- Die *elektrischen Muskelreizmethoden,* die allesamt eine willkürunabhängige Muskelkontraktion provozieren: Das Entscheidende der Wirkungsweise (Abbildung 2) besteht darin, daß die elektrotherapeutisch erzwungene Kontraktion zu einer ganz speziellen und ungewohnten Aktivierung der – mechanisch ansprechbaren – Propriozeptoren führt, deren sensibel-sensorische Informationen die Willkürinnervation anregen, bahnen und zum richtigen Muskel hinlenken. Der Patient verhält sich hinsichtlich Konzentration auf den gereizten Muskel und hinsichtlich willkürlicher Mitaktivierung des Muskels äußerst aktiv. Beim Einsatz der elektrischen Muskelreizmethoden geht es niemals um ein »passives« Muskeltraining.

Folgende Elektrostimulationsmethoden sind verbreitet:

- Intensionsübungen nach Foerster mit dem FARADAY*'schen Schwellstrom*
- Geschwellter Mittelfrequenzstrom vom Typ WYMOTON.

Es existieren eindeutige Beweise dafür, daß die stimulationsunterstützte isometrische Muskelaktivierung der reinen Isometrie bei der Behandlung postoperativer Muskelschwächen überlegen ist. Von praktischer Wichtigkeit ist eine gewisse passive Vorspannung des zu reizenden Muskels.

Die *Myobiofeedback-Methode* dient zur topographisch exakten Verstärkung einer primär schwachen Willkürinnervation, indem bereits schwache Innervationspotentiale abgeleitet, verstärkt und dem Patienten als an- und abschwellender Ton gewissermaßen zurückgegeben werden. Diese Rückkoppelung über das Ohr ermöglicht dem Patienten eine genaue Kontrolle seiner speziell zu fördernden Muskelkontraktion. Diese Eigenkontrolle über das Gehör wirkt außerordentlich stimulierend bzw. motivierend.

### *3. Die Idee des Stretching und der Exzentrizität*

Muskeln innerhalb traumatisierter Gebiete und überlastete Muskeln neigen zu einer hartnäckigen Strukturverkürzung. Bei fehlenden regelmäßigen Dehnreizen und gleichzeitig negativ trophisch einwirkenden Faktoren werden innerhalb des Muskelsehnenüberganges Sarkomere, d. h. die Strukturbausteine der Muskelfasern, abgebaut. Dem wirkt das sog. Stretching, die Dehntechnik für Muskeln, entgegen. Gleichzeitig wird eine vollständige Entkoppelung bzw. Entgleitung der Aktin- und Myosinbanden von außen passiv erzwungen. Der Dehnreiz ist ein Wachstumsreiz.

Genügend lange Muskeln ermöglichen die Benutzung des gesamten Bewegungsspielraumes der Gelenke; sie sind kräftiger als kurze Muskeln.

Auf der Ebene des aktiven Muskeltrainings entspricht die exzentrische Muskelbelastung der Idee des Stretchings. Während einer exzentrischen Muskelkontraktion bremst die Muskelaktivität eine von außen dem Muskel aufgezwungene Verlängerung. Das Training der Bremsfunktion stellt einen besonders empfindlichen und wirksamen trophischen Reiz dar. Während die Trainingsmaschinen fast ausschließlich die konzentrische Muskelkontraktion fördern, wird in der Krankengymnastik das Schwergewicht auf die Exzentrizität gelegt.

### *4. Die Hilfe von Orthesen*

Entsprechend dem Grundsatz der primären Sanierung der Gelenksmechanik vor Beginn eines effektiven Muskeltrainings müssen bei eigentlichen Gelenksinstabilitäten und lediglich schwacher muskulärer Gelenkführung vorübergehend Orthesen eingesetzt werden, um mit einem trophisch aufbauenden Training beginnen zu können. Orthesen wirken gleichzeitig auf verschiedenen Wegen:

- Sie erzeugen auf die gelenkführenden, während einer Kontraktion stets anschwellenden Muskelbäuche einen zusätzlichen Innendruck, der die Kontraktionskraft um bis zu einem Drittel steigert.
- Sie stellen einen Schutz gegen überraschende, unkontrollierte Extrembewegungen dar.
- Sie aktivieren die Exterozeptivität, die ihrerseits der nervösen Gelenksteuerung dient.
- Sie vermitteln einen gewissen Wärmeschutz.

### *5. Der Stellenwert der Muskelmassage*

Muskelmassagen sind nur dann notwendig, in diesen Fällen aber auch unverzichtbar, wenn die Palpation Verhärtungen und Strukturinhomogenitäten zu ertasten vermag, oder wenn die erschwerte bzw. schmerzhafte Verformbarkeit die Willkürinnervation hemmt. Mit den klassischen Muskelmassagegriffen werden die Fließeigenschaften des Muskelgewebes verbessert, die mechanisch empfindlichen Propriozeptoren aktiviert und eine gewisse Reibungswärme erzeugt. Die massierenden Griffe, welche die betroffenen Muskelanteile rhythmisch belasten, wirken durchaus auch trophisch anregend und die Ausdifferenzierung der Gewebe fördernd. Jede Muskelmassage schließt eine gesonderte Behandlung schmerzhafter Faszien und Muskelsehnenübergänge sowie der dazugehörigen Tendinosen mit ein.

*6. Die Betonung der Ausdauer anstelle der Rohkraft*

Im Rahmen von reflexogen wirksamen Gelenkstörungen kommt es zu einer fast selektiven Muskelfaser-Typ I-Schwächung. Diese Muskelveränderung, die mit einer exquisiten Verstärkung der Ermüdbarkeit einhergeht, kann mit den vornehmlich isometrischen Muskeltrainingstechniken nicht behoben werden, weil diese betont die Typ II-Muskelfasern aktivieren. Das Rohkraft- und Ausdauertraining schließen sich bis zu einem gewissen Grade aus und erzwingen damit eine Entscheidung.

Im Rahmen von Rehabilitationen nach Sportverletzungen oder beim Vorhandensein von Überlastungssymptomen gewähren die schmerzhaften Gewebszustände sehr frühzeitig ein rhythmisch-dynamisches Ausdauertraining über längere Zeit und unter ganz betonter Entlastung. Das Krafttraining, das zur Ausübung bestimmter Sportarten unverzichtbar ist, folgt innerhalb des Rehabilitationsprozesses zeitlich versetzt dem primären und vorausgehenden Ausdauertraining.

Ein auf Ausdauer trainierter Muskel ist ein aerob arbeitender, ermüdungsresistenter, aber nicht besonders voluminöser Muskel.

*7. Die Möglichkeiten der Hautbehandlung*

Einerseits wirken krankhaft schmerzhafte Prozesse in Gelenken und Muskeln negativ trophisch auf die Haut und Unterhaut zurück, und andererseits wirkt die Haut als unbestrittenes Steuerorgan auf die Funktion und Trophik der unter ihr liegenden Gewebe. Es ist sinnvoll, Haut- und Unterhautveränderungen auch im Rahmen von Sport- und Überlastungsschäden zu behandeln und die Hautsensorik anzuregen. Es stehen die beiden Möglichkeiten des Einreibens von Salben und der Iontophorese zur Verfügung. Bei entsprechender Medikamentenwahl verfügt die Iontophorese über zwei Vorteile: erstens über die gleichzeitige Gleichstromwirkung, die einen analgetischen und hautaktivierenden Effekt ausübt, und zweitens über die Beschleunigung des transepidermalen Stofftransportes. Unterhalb der Epidermis – nicht erst unterhalb der Kutis – »wandern« die Medikamentenmoleküle nur noch über den Mechanismus der Diffusion.

Die Medikamente – wie z.B. ®Voltaren Emulgel –, die durch Einreiben und Iontophorese appliziert werden, entfalten ihre Hauptwirkung subepidermal. Von dort vermag sich der Wirkstoff sowohl durch Diffusion als auch auf dem Blutweg mit einer möglichen Anreicherung im entzündeten Gewebe auszubreiten; gleichzeitig können nervöse Regelreize in Gang gesetzt werden, welche tieferliegende Strukturen beeinflussen.

Bei der Iontophorese ist der Placeboeffekt und beim Einreiben die massierende Wirkung nicht zu unterschätzen.

### *8. Die zu unterscheidenden Formen der Kälteapplikation*

Unter einer Mehrzahl verschiedenartiger und verschieden wirkender Kälteformen kommen im Rahmen von Sport- und Überlastungsschäden deren zwei in Frage:

- Kurzfristig einwirkende kalte Wickel, kalte Güsse und Eisabreibungen wirken über eine Reizung der Kaltrezeptoren sowohl analgetisch als auch anregend, d. h. rekrutierend auf die zum Segment bzw. zum Dermatom gehörigen Motoneurone.
- Kühle Moorerde- oder Fangopackungen senken innerhalb von 20–30 Minuten die Innentemperatur von entzündlich-überwärmten Gelenken, die innerhalb der thermoregulatorischen Körperschale liegen. Jede abkühlungsbedingte Entzündungsdämpfung verbessert die trophische Ausgangssituation der Muskeln, Sehnen und Gelenke.

### *9. Die begrenzte Indikation des Ultraschalls*

Der Ultraschall gehört zu den Diathermieverfahren. In geringer Gewebstiefe unterhalb der Haut, bevorzugt vor Knochenstrukturen, welche die Ultraschallwellen reflektieren, kommt es zur Absorption der Schallenergie durch die Gewebe und damit zu einer milden Erwärmung. Wiederholte milde Erwärmungen von Geweben mit einer produktiven Umbauentzündung, wie sie für überlastete Gewebe durchaus typisch sind, führen erfahrungsgemäß zu einer schnelleren Ausheilung. Es existieren keine guten Erklärungen über den Wirkweg.

Die geringe wirksame Eindringtiefe ermöglicht lediglich die Behandlung schmerzhaft überlasteter Ansatztendinosen, die knapp unter der Haut liegen. Ein typisches Beispiel ist die Epicondylopathia humeri. Die Dosierung liegt um 1,0 Watt/$cm^2$; die Verwendung von Impulsschall bringt keinen Vorteil, erschwert lediglich eine wirksame Dosierung. Die Wirksamkeit bei der Epicondylopathia humeri radialis ist gut belegt.

### *10. Die allgemeine, unspezifische Ganzkörper-Fitness versus sportmotorisch spezifisches Training*

Jedes spezifische, auf ganz bestimmte Strukturen und Leistungen sich konzentrierende Training bzw. jede akute Belastung ebensolcher Art führt gerne und leicht zu

Überlastungen, wenn die umgebenden, teils unterstützenden, teils sportmotorische Fehler kompensierenden, d. h. mitbeanspruchten Nachbarstrukturen nicht genügend im Sinne einer allgemeinen Fitness mittrainiert wurden. Je gewaltiger die spezifische Leistung ist, desto gefährdeter sind die restlichen Anteile des Bewegungsapparates, wenn eine Fehlleistung oder gar Unfall den Körper überrascht. In diesen Fällen kommt es zu Verletzungen, Mikrotraumatisierungen oder wiederholten Gewebsüberlastungen. Um Überlastungsschäden zu verhüten, muß die sportspezifische Leistungsfähigkeit auf einem breiten Sockel einer allgemeinen Körperfitness ruhen.

*Literatur:*


*1. Brody, D. M.:*
Running injuries. Prevention and management.
Clinical symposia (Ciba-Geigy), 39 (1987), Nr. 3.

*2. Hawe, W., Klecker, N., Bernett, P.:*
Überlastungssyndrome der unteren Extremität bei Ausdauersportlern.
Dt. Z. Sportmed. 41 (1990), 420–425.

*3. Ledermann, R. J.:*
Performing arts medicine.
New Engl. J. Med. 320 (1989), 246–248.

*4. Tipton, C. R., Matthes, R. D., Maynard, J. A., Carey, R. A.:*
The influence of physical activity on ligaments and tendons.
Med. Sci. Sports 7 (1975), 165–175.

*5. Wangler, C.:*
Der kranke Klangkörper.
Periscop 21/9 (1991), 27–28.

*6. Williams, J. G. P., Sperryn, P. N., Boardman, S., Street, M., Mellett, S., Parsons, Chr.:*
Post-operative management of chronic achilles tendon pain in sportsmen.
Physiotherapy 62 (1976), 256–259.

**K. Steinbach**

# Wertigkeit der isokinetischen Diagnostik und Therapie in der Sportrehabilitation

In den letzten 10 Jahren wird der Begriff der Isokinetik in der Sportrehabilitation immer bekannter und geläufiger.

In den einschlägigen Trainingslehrbüchern suchte man bis vor wenigen Jahren vergeblich nach detaillierten Informationen. Besonders in der Rehabilitation gewinnt die isokinetische Befundungs- und Trainingsmöglichkeit immer mehr an Bedeutung.

Seit mehr als 20 Jahren haben Wissenschaftler und Therapeuten in den USA Erfahrungen gesammelt, die mittlerweile auch in Europa zur Verbreitung der Isokinetik führten.

Ich beschäftige mich schon seit mehreren Jahren mit den Möglichkeiten der isokinetischen Diagnostik und Therapie und möchte hier die Möglichkeiten und Grenzen dieses Prinzips aufzeigen.

Zuvor jedoch einige grundsätzliche Überlegungen:

In der Trainingslehre unterscheiden wir drei große Gruppen der Krafttrainingsmethoden.

Im nachfolgenden sollen kurz die markantesten Unterschiede des *isometrischen,* des *isotonischen* oder auch *auxotonischen* und des *isokinetischen* Trainings dargestellt werden (Tabelle 1).

Daneben darf als weitere Trainingsmethode die *elektrische Muskelstimulation* als Krafttrainingsform nicht vergessen werden.

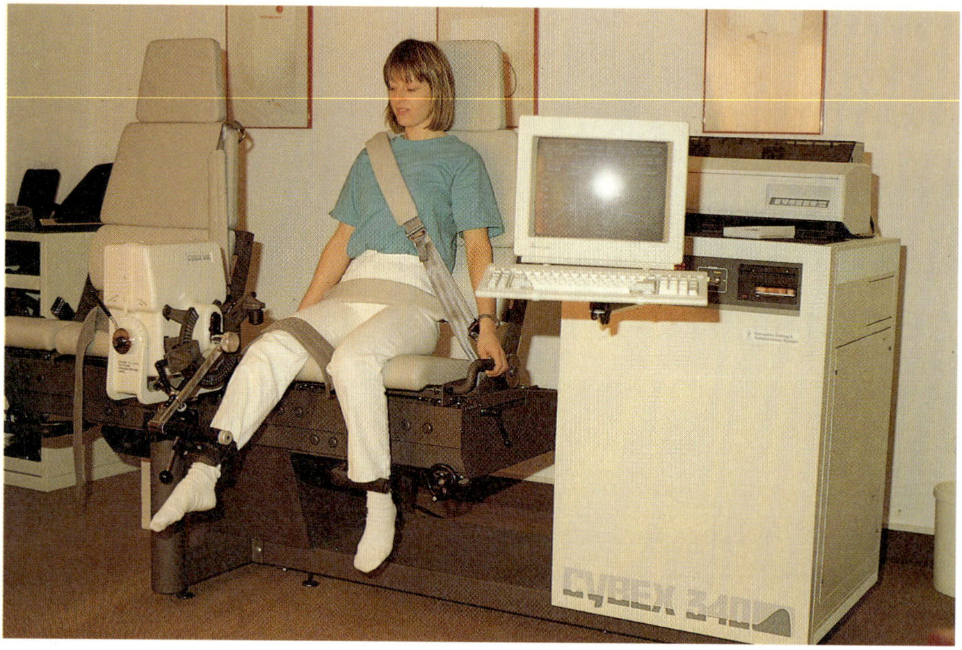


*Abbildung 1: Isokinetisches System* CYBEX 340

**Definition isometrisches Training:**

Die statische Kraft ist diejenige Spannung, die ein Muskel oder eine Muskelgruppe in einer bestimmten Position willkürlich gegen einen fixierten Widerstand auszuführen vermag. (nach HOLLMANN, HETTINGER)

**Definition isotonisches oder auxotonisches Training:**

Die dynamische Kraft ist diejenige Kraft, welche innerhalb eines gezielten Bewegungsablaufes entfaltet werden kann. (nach HOLLMANN, HETTINGER)

**Definition isokinetisches Training:**

Die dynamische Kraft bei isokinetischer Belastung ist diejenige Kraft, welche innerhalb eines gezielten, geführten Bewegungsablaufes unter kontrollierter, vorgegebener Geschwindigkeit entfaltet werden kann.

| | isometrisch | isotonisch (auxotonisch) | isokinetisch |
|---|---|---|---|
| Arbeitsform | statisch | dynamisch | dynamisch |
| Geschwindigkeit | null | unbekannt | vorgegeben |
| Widerstand | starr | fixes Gewicht | Anpassung an Krafteinsatz |
| Trainingsform | isometrisch | konzentrisch/ exzentrisch | konz./konz.<br>exz./exz.<br>exz./konz.<br>konz./exz. |
| Indikations-schwerpunkte | direkt post-operativ<br>Spannungs-erhöhung<br>Atrophie-prophylaxe | Kraftaufbau<br>Koordinations-schulung<br>Fitness | Diagnostik<br>Rehabilitation<br>Abbau von Muskel-dysbalancen |

***Tabelle 1:*** *Charakteristika der verschiedenen Muskeltrainingsformen*

Das isometrische Muskeltraining mit seinen statischen Anspannungsübungen ist fester Bestandteil einer jeden Rehabilitation.

Die Vorteile liegen hier besonders in der sofort postoperativ einsetzbaren Anwendung mit dem Ziel der Atrophieprophylaxe sowie der Erhaltung der neuromuskulären Bahnung.

Auch bei einer bereits eingetretenen Muskelatrophie kann man mit isometrischen Übungen gelenkschonend einen ersten Muskelaufbau erreichen. Dies ist ebenfalls durch Unterstützung mit elektrischen Stimulationsgeräten in besonderem Maße zu erreichen (Abbildung 2).

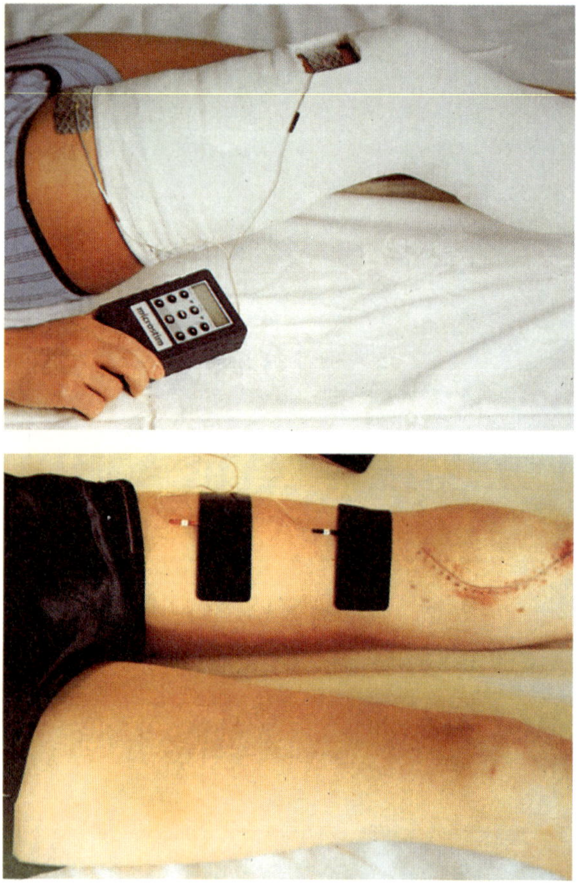

***Abbildung 2:***
*Isometrisches Training mit elektrischer Muskelstimulation*

In einem *isotonischen* bzw. *auxotonischen* Übungsprogramm (klassische Trainingsmethode) arbeitet der Patient gegen einen festgesetzten Widerstand bei unterschiedlichen und unbekannten Geschwindigkeiten. Der Widerstand ist ein vorgegebenes Gewicht. Unter dieser Voraussetzung ist die Muskulatur nur in einem kleinen Bereich der Gesamtbewegung optimal belastet, weil aufgrund von Veränderungen der Hebelverhältnisse die Muskulatur in den verschiedenen Gelenkwinkeln verschieden große Kraft entwickeln kann. Das wiederum bedeutet, daß bei dieser Trainingsform die Muskulatur in einem kleinen Teilbereich der Bewegung möglicherweise »überladen« und in einem großen Teilbereich »unterladen« ist. Dadurch können jedoch keine optimalen Anpassungserscheinungen der Muskulatur erreicht werden.

Bei dem *isokinetischen* Widerstand arbeitet der Patient dagegen mit einer festgesetzten, vorgegebenen Geschwindigkeit gegen einen veränderlichen und sich *sofort voll-*

*kommen anpassenden Widerstand.* Dies bedeutet eine optimale Anpassung an *Kraft* und *Ermüdung* sowie vor allen Dingen an den *Schmerz.* Besonders die Anpassung an auftretende Schmerzen ist in der Rehabilitation von herausragender Bedeutung. Nur ein rein isokinetisches Training erlaubt Übungen zu spezifischen, funktionellen und wiederholbaren Geschwindigkeiten, die eine Errechnung der exakten, vom Patienten ausgeführten Arbeit und quantitativ bestimmbare Messungen seiner Fortschritte ermöglichen.

Hier haben wir erstmalig eine exakte Kraftmeßmethode für Maximalleistung und Ausdauerleistung zu jedem Winkelgrad der Bewegung. Das Training mit dem isokinetischen System ermöglicht eine rein konzentrische Muskelbelastung. Mittlerweile sind auch Systeme auf dem Markt, die konzentrische und exzentrische Belastungen erlauben (Abbildung 1). Die reine Konzentrik beinhaltet Vor- und Nachteile.

In den frühen Phasen der Sportrehabilitation sind exzentrische Belastungen nicht wünschenswert, da nach Verletzungen die koordinativen Leistungsfähigkeiten der Muskulatur rapide abgenommen haben. Diese Defizite müssen erst durch Krankengymnastik und durch eine schonende, rein konzentrische Muskelarbeit antrainiert werden.

Bei der isokinetischen, rein konzentrischen Belastung wird während eines Arbeitsganges auf dem Hinweg die agonistische, auf dem Rückweg die antagonistische Muskulatur trainiert. So entstehen im Wechsel Anspannung und kurze Ruhephase, wodurch ein höherer Arbeitsumfang als bei anderen dynamischen Trainingsformen zustande kommt. Infolge fehlender exzentrischer Belastung tritt Muskelkater kaum oder gar nicht auf, und die Gelenkbelastungen sind meßbar deutlich geringer.

Exzentrisches Muskeltraining ist erst in der letzten Phase der Sportrehabilitation einsetzbar und schließt sich somit an die isokinetische Trainingsphase mit konzentrischen Muskelanspannungen an. Exzentrisches Muskeltraining besteht in einer Dehnung des sich kontrahierenden Muskels durch eine Last oder durch einen Therapeuten (z. B. Abfedern nach Sprung). Da der Muskel und seine elastischen Elemente durch eine äußere Kraft gedehnt werden, kommt es zu einer zusätzlichen Spannungsentwicklung, die zu der bei Kontraktion entstehenden Spannung addiert wird. Deshalb ist die Spannungsentwicklung bei exzentrischen Kontraktionen sogar wesentlich größer als bei isometrischen Kontraktionen.

Diese Art von Training muß jedoch sehr vorsichtig durchgeführt werden, da bei hohen Drehmomenten die Spannungsentwicklung außerordentlich groß wird und das Risiko einer Verletzung oder zumindest einer Entstehung von Muskelkater gegeben ist. Bei noch schlechter Koordination der Muskulatur ist das Verletzungsrisiko besonders hoch.

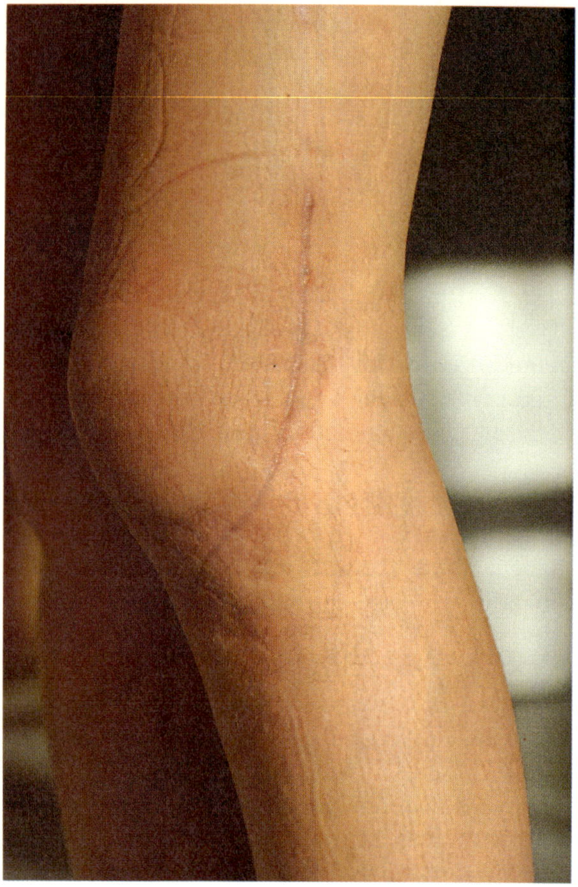

***Abbildung 3:***
*Z. n. vorderer Kreuzbandplastik links, 3 Wochen nach Operation*

Ein Vorteil dieser exzentrischen Trainingsform ist jedoch der besonders große Kraftzuwachs. Ein Wechsel von konzentrischem und exzentrischem Training wird auch als reaktives Krafttraining bezeichnet und für die Verbesserung der Sprungkraft verwendet.

In der Klinik Hochwald in Weiskirchen haben wir mit dem neuen Cybex 6000 die optimale Möglichkeit der Kraftmessung für konzentrische und exzentrische Belastungen an allen Extremitätengelenken vom Handgelenk bis zum Sprunggelenk.

**Kraft:**

Ein am Knie operierter Patient (Abbildung 3) ist schon nach einigen Tagen postoperativ nur noch in der Lage, ein bestimmtes statisches Gewicht von z. B. 10 kg zu be-

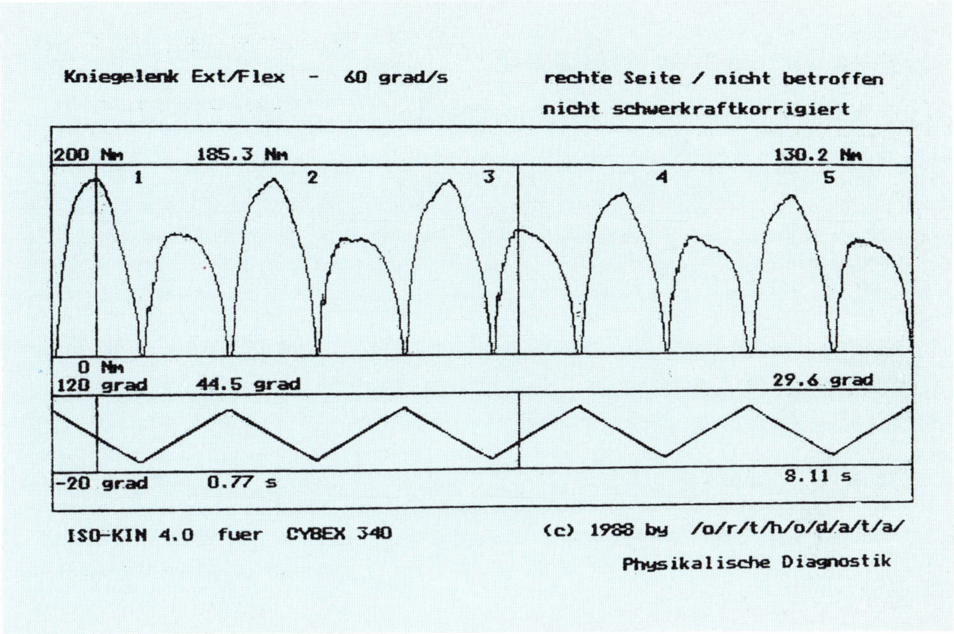


**Abbildung 4:** *Messung isokinetisch-konzentrisch, gesundes Knie. Geschwindigkeit 60°/s*

wegen. Dieses Gewicht kann er am schwächsten Punkt im Bewegungsbereich des Knies heben. Es gibt keine Möglichkeiten zu messen, was er an anderen Segmenten des Bewegungsbogens erreichen kann und keine Möglichkeit, ihn dazu zu bringen, die Kraft, zu der er fähig ist, anzuwenden.

Ein isokinetisches System jedoch absorbiert, registriert und gibt die maximale Kraft, die der Patient an *jedem* Punkt des Bewegungsbereiches ausüben kann, automatisch an und paßt sich den sich ständig verändernden Hebelkräften an (Abbildung 4 und 5).

**Ermüdung:**

Ermüdungserscheinungen können ebenfalls das Kräftepotential des Patienten beeinträchtigen. Wenn der einer isotonischen Therapie ausgesetzte Patient ermüdet, wird er langsamer und verringert seinen Bewegungsbereich oder arbeitet unsauber.

Der isokinetische Widerstand überschreitet jedoch niemals das momentane Vermögen des Patienten, und der Patient arbeitet mit der gleichen Geschwindigkeit durch

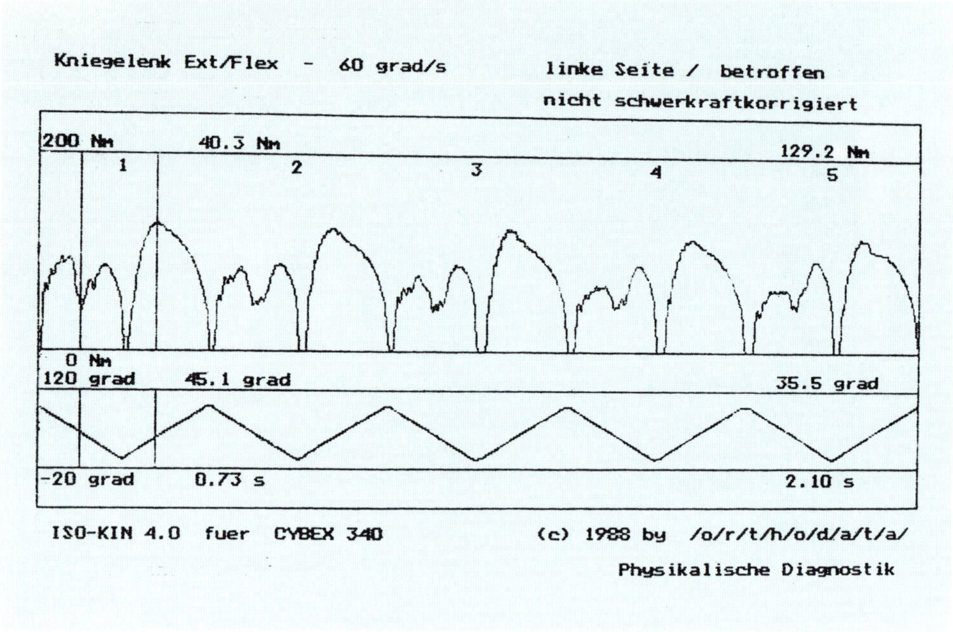


***Abbildung 5:*** *Schmerzbedingter Krafteinbruch in der Extension bei medialer Meniskopathie links*

den vollen Bewegungsbereich weiter, selbst wenn Ermüdungserscheinungen auftreten. Die Krafteingabe des Patienten (Drehmomentmaximum) nimmt bei zunehmenden Wiederholungszahlen ab. Gleichzeitig paßt sich der isokinetische Widerstand sofort an die reduzierte Krafteingabe an.

Dadurch arbeitet der Patient ständig an seinem momentanen Optimum ohne Gefahr, überfordert zu werden.

**Schmerz:**

Ein wichtiger Faktor, der auf das Kräftepotential des Patienten einwirken kann, ist der Schmerz.

Bei isotonischen Übungen hört der Patient auf, wenn sich Schmerzen einstellen – aber das Gewicht kann sich nicht plötzlich ändern. Es fällt und verursacht möglicherweise dem betroffenen Gelenk weiteren Schaden. Bei der Verwendung eines isokinetischen Widerstandes jedoch verringert der Patient seine Anstrengung, wenn er seinen schmerzhaften Punkt erreicht, und der Widerstand wird automatisch zur

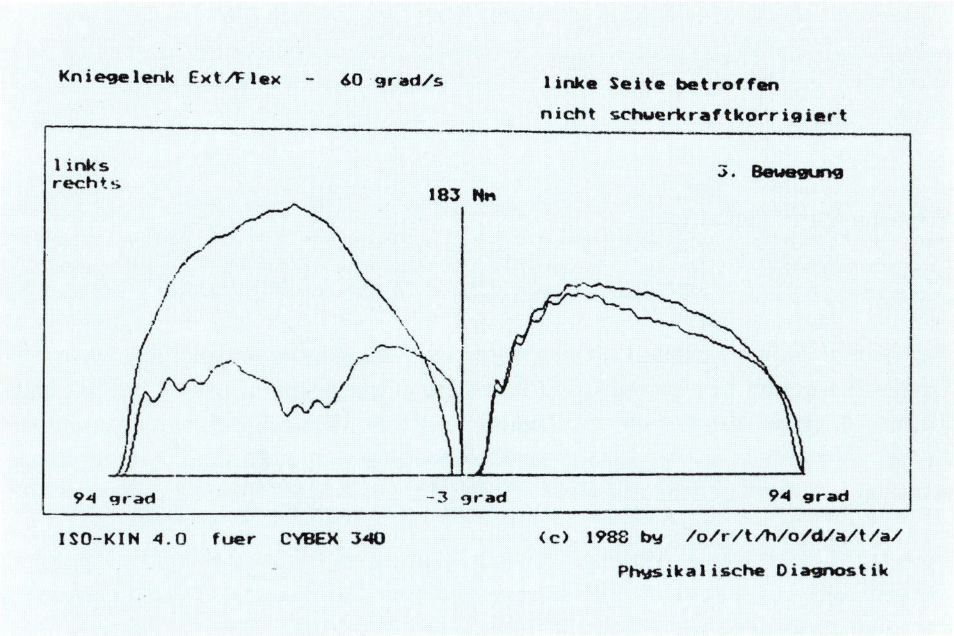


***Abbildung 6:*** *Gegenüberstellung der Kraftkurven von rechter und linker Seite desselben Patienten wie in Abbildung 4 und 5*

Anpassung reduziert (Abbildung 6). Dies führt in der Registrierung der Kraftangaben zu einer klassischen Delle im Kurvenverlauf. Diese zeigt uns nicht nur das Ausmaß der Reduzierung des Krafteinsatzes, sondern auch die Winkelstellung des Gelenkes, an dem der Schmerz auftritt. Dadurch gelingt eine genaue Lokalisation des möglichen Defektes im Gelenk.

**Trainingsgestaltung:**

Bei isotonischen Geräten und Hanteln muß der Therapeut bestimmen, welchen Widerstand (bzw. Gewicht) der Patient bei einer vorgeschriebenen Anzahl von Wiederholungen bewältigen kann. Er muß zu diesem Zweck die maximalen Möglichkeiten des Patienten bei der letzten Wiederholung einer Serie, also wenn er am schwächsten ist, abschätzen können. Die Kraft bei der ersten Wiederholung, wenn er am stärksten ist, gibt ihm dazu keine nützlichen Informationen.

Bei der letzten Wiederholung könnte der Patient nur in der Lage sein, etwa 10 kg zu heben, während er bei der ersten Wiederholung z. B. ca. 25 kg bewältigen könnte. Dies bedeutet, daß alle bis auf die letzte Wiederholung unter dem momentanen

Maximum seiner Möglichkeiten liegen. Hier zeigen sich die Vorteile der isokinetischen Rehabilitation besonders deutlich, da isokinetische Maschinen eine maximale Anstrengung bei jeder Wiederholung durch Widerstandsanpassung ermöglichen.

**Winkelgeschwindigkeit:**

Ein isokinetischer Widerstand erlaubt dem Patienten außerdem, die Übungen bei funktionellen Geschwindigkeiten durchzuführen. Da sich alle Bewegungen um eine Achse drehen, handelt es sich hier um Winkelgeschwindigkeiten, welche in Grad/s angegeben werden. Niedrige Winkelgeschwindigkeiten von 30 bis 60 Grad/s dienen in erster Linie zum Muskelaufbau. Hohe Winkelgeschwindigkeiten von 180 bis 500 Grad/s dienen der Koordinationsförderung und dem Kraftausdauertraining.

Es können stufenweise Winkelgeschwindigkeiten von 15 bis 500 Grad/s eingestellt werden. Da bei niedrigen Winkelgeschwindigkeiten höhere Gelenkbelastungen auftreten, muß hier entsprechend vorsichtig dosiert werden.

Grund für den geringeren intraartikulären Druck bei höheren Bewegungsgeschwindigkeiten ist das durch den Schweizer Physiker BERNOULLI definierte Gesetz: *»Je rascher zwei durch Flüssigkeit getrennte Festkörper gegeneinander bewegt werden, desto geringer wird der Druck in der Flüssigkeit (Aquaplaning).«*

Dies bedeutet, daß bei schnelleren Bewegungen mehr Muskelspannung erzeugt werden kann, ohne daß es zu einem hohen intraartikulären Druck kommt, welcher eine evtl. Schmerzhemmung auslösen würde.

Die von einem Muskel benötigte Zeit, Kraft zu erzeugen, ist ein wichtiger Faktor für die Funktion. Ein Patient könnte in der Lage sein, genügend Kraft in einem Knie zu entwickeln, um sein Körpergewicht 4 oder 5 Sekunden durch ein isometrisches Drücken gegen den Therapeuten zu tragen. Aber in Wirklichkeit hat er nur 1/10 bis 2/10 einer Sekunde zur Verfügung, um die gleiche Kraft zu entwickeln, wenn er zu laufen versucht.

Rehabilitation ist offensichtlich nicht nur eine Funktion der Kraft, die ein Muskel ausüben kann und des Gewichts, das er tragen kann, sondern hängt vor allen Dingen davon ab, wie schnell der Muskel hierauf vorbereitet werden kann (Koordination). Die isokinetische Therapie bietet Leistungsfähigkeit verbunden mit maximaler Sicherheit. Sie kann niemals einen größeren Widerstand setzen, als der Patient bewältigen kann.

**Testverlauf-Auswertung:**

Grundsätzlich werden beide Extremitäten getestet, um Unterschiede in der Kraft festzustellen. Außerdem ist objektiv feststellbar, wie effektiv ein Training ist, in dem die Tests in Abständen von nicht weniger als 14 Tagen wiederholt werden.

Jede Muskulatur entwickelt im Zuge der Bewegungen ganz spezifisch ihre Kraft, was sich in entsprechenden Drehmomentverlaufskurven wiederspiegelt. Somit ist es möglich, mit einiger Erfahrung anhand von Anamnese, Befund und evtl. Schmerzangabe sowie des Kurvenprofils Aussagen über Defekte im Gelenk oder der Muskulatur zu machen und häufig dadurch die Eingangsdiagnose zu untermauern.

Alle Daten inklusive der Kurvenverlaufsform registriert ein zu dem System gehöriger Computer präziser und ausführlicher als es durch die Auswertung per Hand möglich ist.

Mit dem CYBEX 6000 sind konzentrische und exzentrische Tests in allen Gelenken möglich.

Immer wieder taucht die Frage auf, wie am besten oder effektivsten isokinetisch trainiert werden kann. Wie bereits gesagt, kann man mit geringen Winkelgeschwindigkeiten von 15 bis 60 Grad/s eine hohe Kraft entwickeln, also ein Maximal- oder Submaximalkrafttraining durchführen, wenn aus dem Gelenk keine Schmerzen gemeldet werden.

Mit hohen Winkelgeschwindigkeiten von 180 bis 500 Grad/s ist es möglich, ein Schnellkrafttraining oder Kraftausdauertraining zu absolvieren. Die Serienzahl sowie die Wiederholungszahl pro Serie sollte etwas höher gewählt werden als bei den bisherigen dynamischen Krafttrainingsformen, da die Ermüdung durch eine rein konzentrische Muskelarbeit etwas später erfolgt.

Das exzentrische Training ist erst bei guter bis optimal koordinierter Muskulatur risikolos einsetzbar. Im Gegensatz zur isotonischen Trainingsform kann beim isokinetischen Training bis zur Muskelerschöpfung gearbeitet werden, was m. E. einen entscheidenden Einfluß auf das Querschnittswachstum hat. Dies geschieht durch den sich der Muskelkraft ständig anpassenden Widerstand.

Es kommt durch die Isokinetik zu einem rascheren Muskelwachstum und Kraftzuwachs als bei anderen Trainingsmethoden. Das bedeutet jedoch nicht, daß die Isokinetik das »alleinig Seligmachende« ist, sondern die Kombination der verschiedensten Muskeltrainingsformen, der Krankengymnastik und der physikalischen Therapie, zum richtigen Zeitpunkt eingesetzt, führt am schnellsten zum erfolgreichen Rehabilitationsergebnis.

Die bisher genannten Methoden sind für die entsprechenden Phasen der Rehabilitation sehr nützlich, können jedoch nicht die letzte Phase der Rehabilitation eines Athleten ersetzen.

Die möglichst sportartspezifischen Bewegungsausübungen, die zu den entsprechenden trainingsbedingten Adaptationen führen, sollten schwerpunktmäßig durch einen Diplom-Sportlehrer betreut werden.

Hier steht die Verbesserung der Ausdauer und Schnelligkeit sowie der Kraftausdauer, der Schnelligkeitsausdauer und der Sprungkraft ebenso auf dem Programm, wie die Verbesserung der Reaktionsschnelligkeit und die Heranführung an die volle Belastbarkeit ohne jegliche Einschränkung. Dies qualifiziert den Athleten dann zur Wiedereingliederung ins Mannschaftstraining bzw. in den täglichen Trainingsprozeß mit dem Heimtrainer.

Es ist meine feste Überzeugung, daß gute und erfolgreiche Sportrehabilitation nur im Team mit Orthopädie, Sportmediziner, Krankengymnast, Physiotherapeut und Diplom-Sportlehrer langfristig für den Patienten Erfolg garantiert, entsprechend den Vorgaben der Verwaltungs-BG für die »Besonders indizierte Therapie«.

Die Isokinetik hat ihren festen Stand in der Sportrehabilitation, ist jedoch nur ein, wenn auch wichtiger Baustein auf dem Weg zur vollständigen Wiederherstellung der Leistungsfähigkeit des uns anvertrauten Athleten.

*Literatur:*

*1. Appel, H. J.*
Morphology of immobilized skeletal muscle and the effects of pre- and postimmobilisation training programm
Int. J. Sports Med. 7 (1986), 6–12

*2. Arvidson J., Eriksson, E., Häggmark, T., Johnson, R. J.*
Isokinetik thigh muscle strength after ligament reconstruction in the knee joint.
Int. J. Sports Med. 2 (1981), 7–11

*3. Davies, G. J.*
A Compendium of isokinetics in clinical usage. Workshop and clinical notes.
S&S Publishers, La Crosse 1985

*4. Denoth, J.*
Muskelmechanik
In: Kraft – ein Aspekt der sportlichen Leistung,
S. 43–57. ETH, Zürich 1986

*5. Eggli, D.*
Maßvolles Training: Einsatz isokinetischer Systeme
In: Muskuläre Rehabilitation
S. 117–124. perimed Fachbuchverl. Ges., Erlangen 1987

*6. Ehrich, D., Gebel, R.*
Aufbautraining nach Sportverletzungen
Trainerbibliothek Bd. 23, Phillipka, Münster 1985

*7. Goebel, R., Küssel, R., Schneider, G. P., Hollmann, W.*
Über den Effekt eines isokinetischen Krafttrainings im Vergleich zu einem statischen Krafttraining.
Dt. Zeitschrift für Sportmedizin Heft 7/1983

*8. Herbeck, B.*
Der Nutzen apparativer Methoden zur Objektivierung des Trainingserfolges in der Rehabilitation.
Z. Krankengymn. 38 (1986): 335–336

*9. Hoppeler, H.*
Die Morphologie der menschlichen Skelettmuskulatur und ihre Anpassungsfähigkeit an unterschiedliche Trainingsbedingungen
Sportverletzung – Sportschaden 2 (1987), 71–75

*10. Howald, H.*
Training-induced morphological and functional changes in sceletal muscle.
Int. J. Sports Med. 3 (1982), 1–12

*11. Hünig, R.*
Krafttraining im Leistungssport
Trainer-Kongreß 10./11. 11. 1984 Osnabrück

*12. Puhl, W.*
Isokinetisches Muskeltraining in Sport und Rehabilitation
perimed Fachbuch-Verl. Ges. 1988

*13. Rössler, K. M., Conley, K. E., Claassen, H., Howald, H., Hoppeler, H.*
Transfer effects in edurance exercise: Adaptations in trained and untrained muscles
Eur. J. appl. Physol. 54 (1985), 355–362

*14. Scharf, H.-P., Noack, W.*
Die Bedeutung isokinetischer Kraftmessung in Sport und Rehabilitation.
Sportverletzung-Sportschaden 3 (1987), 142–149

*15. Schmidtbleicher, D.*
Motorische Beanspruchungsform Kraft-Definition und Trainierbarkeit
In: Muskuläre Rehabilitation S. 63–85; perimed Fachbuchverl. Ges. Erlangen 1987

*16. Stoboy H., Friedebold, G., Strand, F. L.*
Evaluation of the effect of isometric training in functional and organic muscle atrophy.
Archs phys. Med. Rehabil. 49 (1986), 508

K. Eder

# Prävention und Rehabilitation von Schäden am Bewegungsapparat

Trotz vielfältiger und faszinierender neuer Erkenntnisse über Aufbau und Funktion der einzelnen Organe des menschlichen Organismus wird zunehmend deutlich, daß eine gänzliche Kenntnis bzw. Kontrolle aufgrund der Komplexität, Vielzahl und der Interdependenz der jeweiligen vernetzten Funktions- und Regelkreise eine ganzheitliche Betrachtungsweise fordert und notwendig macht. Hierbei stehen einschneidende technische (sogenannte) »Fortschritte« der modernen Industriegesellschaft (in einem Zeitraum von etwa 100 bis 150 Jahren entstanden) oft im Gegensatz zu im Verlaufe von Jahrmillionen phylogenetisch entwickelten körperlichen Funktionszusammenhängen. Die damit verbundene völlige Umgestaltung der Lebenswelt änderte einerseits besonders die alltäglichen physischen Beanspruchungsformen und -umfang, während sich vollkommen neue Bewegungsmuster und Beanspruchungsformen im Rahmen sportlicher Freizeit- und Bewegungsgestaltung entwickelten. Betrachtet man aus diesem Blickwinkel die Beschwerden am Bewegungsapparat, so kann man feststellen, daß der Sportler als auch der Nichtsportler identische zivilisationsbedingte Probleme mit ihrem Bewegungsapparat haben.

Dabei erkennt man, daß beim Nichtsportler, der in seiner Alltagshaltung meist in einer kyphosierten Stellung – BRÜGGER beschreibt dieses Phänomen als »sterno-symphysiale Belastungshaltung« (Abbildung 1) – nicht nur die Wirbelsäule, sondern ebenso auch Extremitätengelenke einseitig und damit fehlbelastet werden und diese Tatsache damit über kurz oder lang zu schmerzhaften Einschränkungen der Bewegungsexkursion führt. Bedingt durch diese kyphosierte Haltung wird zunächst die Bandscheibe ventral einseitig belastet. Die Folge ist ein Ausweichen des Bandscheibengewebes nach dorsal. An der dorsalen Seite wird die Bandscheibe durch das Ligamentum longitudinale posterius eingescheidet, welches an der der Bandscheibe zugewandten Seite sehr stark mit Nervenfasern versorgt ist. Diese stehen in Verbindung mit Nervenfasern zu den Wirbelbogengelenken, zur Rückenmuskulatur und zur Haut. Bei einer Funktionsstörung können sich die Schmerzen daher in verschiedene Richtungen (Facettengelenk, Muskulatur, Haut) projizieren (Abbildung 2).

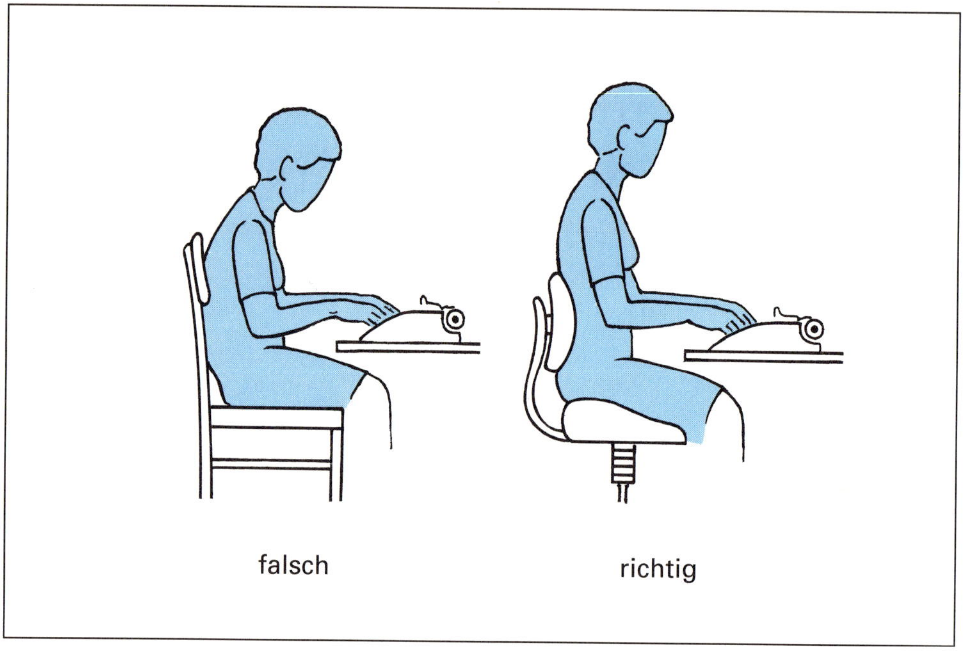


***Abbildung 1:** »Sterno-symphysiales-Belastungsmuster« nach* BRÜGGER

Da die Nervenfasern sowohl afferent als auch efferent leiten, können andererseits Störgrößen über die Haut oder über die Muskulatur an das Bewegungssegment herangeführt werden, welches dann funktionell zu einer Überbeweglichkeit oder einer Hypomobilität führen kann. Aufgrund dieser Tatsache ist vor allem Sportlern anzuraten, beispielsweise nach einem Einsatz sich nicht mit nassen Textilien am Spielfeldrand aufzuhalten, weil sonst die Gefahr besteht, daß über einen Luftzug die Hautnerven irritiert werden können und somit am nächsten Tag eine schmerzhafte Bewegungseinschränkung an einem oder mehreren Segmenten auftritt (der Volksmund spricht davon, daß jemand »vom Zug erwischt wird«).

Darüberhinaus ist zu beachten, daß jedes Bewegungssegment von einer Arteria articularis versorgt wird. Dieser Arteria articularis kommt nicht nur die Versorgung des gesamten Segmentes des Foramen intervertebrale zu (Abbildung 3); in der perivaskulären Nervenversorgung liegen häufig Ursache für Schmerzen oder auch für fortgeleiteten Schmerz. Durch die Kompression der Arteria radicularis kann es auch zu ischämischen Prozessen im Bereich des Gewebes kommen, welches das Foramen intervertebrale auskleidet (z.B. Dura mater, Arachnoidea oder Pia mater). Da die Arteria radicularis noch anastomosiert mit der Arteria spinalis anterior und der Arteria spinalis posterior, können von diesen ischämischen Prozessen auch oberhalb

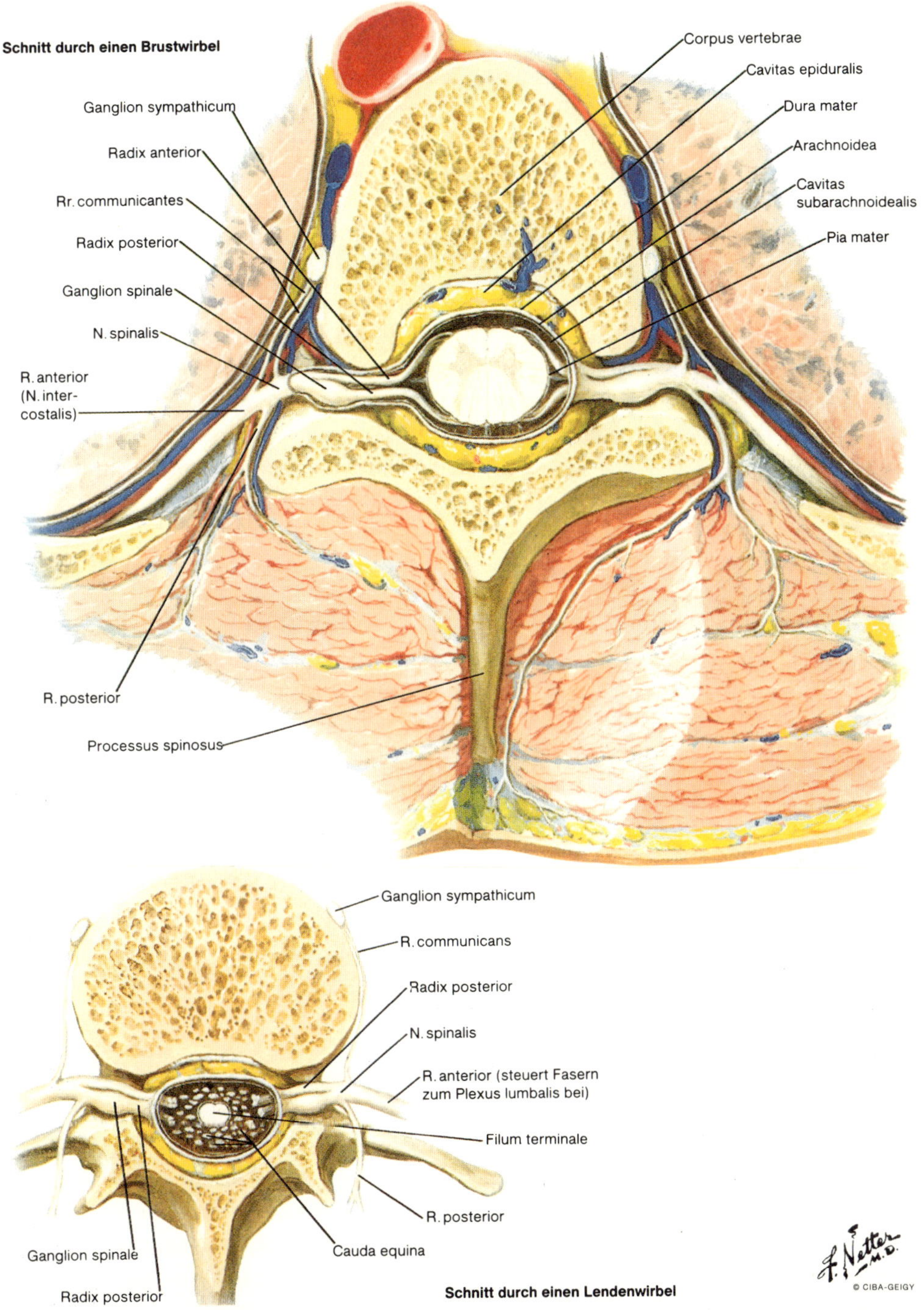


***Abbildung 2:*** *Spinalnerven und Rückenmuskulatur (Querschnitt)*

und unterhalb gelegene Segmente in Mitleidenschaft gezogen werden. Da der Spinalnerv keine schützende Bindegewebshülle hat (nur Endoneurium, kein Epineurium und kein Perineurium), kann ein mechanischer Reiz wie z.B. Druck oder Zug unmittelbar auf die Nervenfaser einwirken. Durch die mechanische Irritation mit ischämischer Komponente kommt es zu einer Entzündungsreaktion mit umschriebener Exsudatbildung und perineuralem Ödem. Aufgrund dieser Schutzlosigkeit spricht man auch vom sogenannten Locus minoris resistentiae. Aufgrund der schlechten Versorgung vom Lymphsystem im Bereich des Spinalnerven ist der Abtransport des entzündlichen Exsudats nicht immer gewährleistet. Entsprechend dieser Tatsache kann eine Fibrose zu Adhäsionen im gesamten Spinalnerv-Verlauf führen, was zu Irritationen nicht nur auf segmentaler Ebene, sondern ebenso auf polysegmentalem Bereich oder als sogenannte »Referred-pain« führen kann. Man sieht, daß alleine durch die Störung des Komplexes »Vertebron« (beinhaltet alle strukturellen Bestandteile eines Wirbelsegmentes: beide Gelenkfacetten, Discus intervertebralis, Ligamente, Muskeln, Sehnen, vasale und nervale Versorgung) eine komplexe Störung an unserem Bewegungsapparat mit sich bringen kann.

Durch die ständige Öffnung der Facettengelenke werden diese in der kyphotischen Haltung entweder ganz, zumindest jedoch teilweise kontrakt. Diese Immobilisierung führt dazu, daß der Patient nicht in der Lage ist, seinen Rücken wegen einer einhergehenden muskulären Insuffizienz bzw. Dysbalance aufzurichten und somit Schulter, Hüfte und andere Extremitätengelenke optimal zu bewegen. Jetzt wäre es demzufolge nicht ausreichend, dem Patienten sportliche Aktivitäten anzuraten, wenn dieser sich letztlich für Sportarten (z.B. Surfen, Skilaufen, (Eis-)Hockey, Golf etc.) entscheidet, die neben der Alltagsmotorik nun im Verlauf der Sportausübung zusätzlich die bereits kyphosierte Haltung fördern bzw. verstärken. Dieselben Beschwerden erfahren auch Hochleistungs- oder professionelle Sportler, die ebenfalls durch die stereotype Bewegungsausführung ihrer Sportart einseitige Bewegungsmuster einschleifen und somit ebenso die entsprechenden Strukturen des aktiven und passiven Bewegungsapparates im beschriebenen Sinne belasten.

Da unsere Extremitätengelenke (hier ist die funktionelle Einheit das »Arthron«) ähnlich gelagert sind, werden funktionelle Fehlstellungen häufig Ursachen für einen mehr oder weniger ausgeprägten Schaden mit einhergehender Funktionsminderung am Bewegungsapparat. Durch die Einnahme bzw. Durchführung der stereotypen Alltagsmotorik (z.B. langandauernde Büroarbeiten an Computer oder Schreibmaschine oder beim Profisportler entsprechend stereotype Bewegungsmuster der betreffenden Sportart) wird sich natürlich auch die Muskulatur verändern. Hierbei nochmals auf die bereits beschriebene kyphosierte Haltung Bezug nehmend, wird die Rückenmuskulatur beispielsweise einer ständigen und andauernden Überdehnung ausgesetzt sein. Aufgrund dieses veränderten Grundtonus verliert die Rückenmuskulatur ihre reflexogene Reizbarkeit und kann dann ihre eigene funktio-

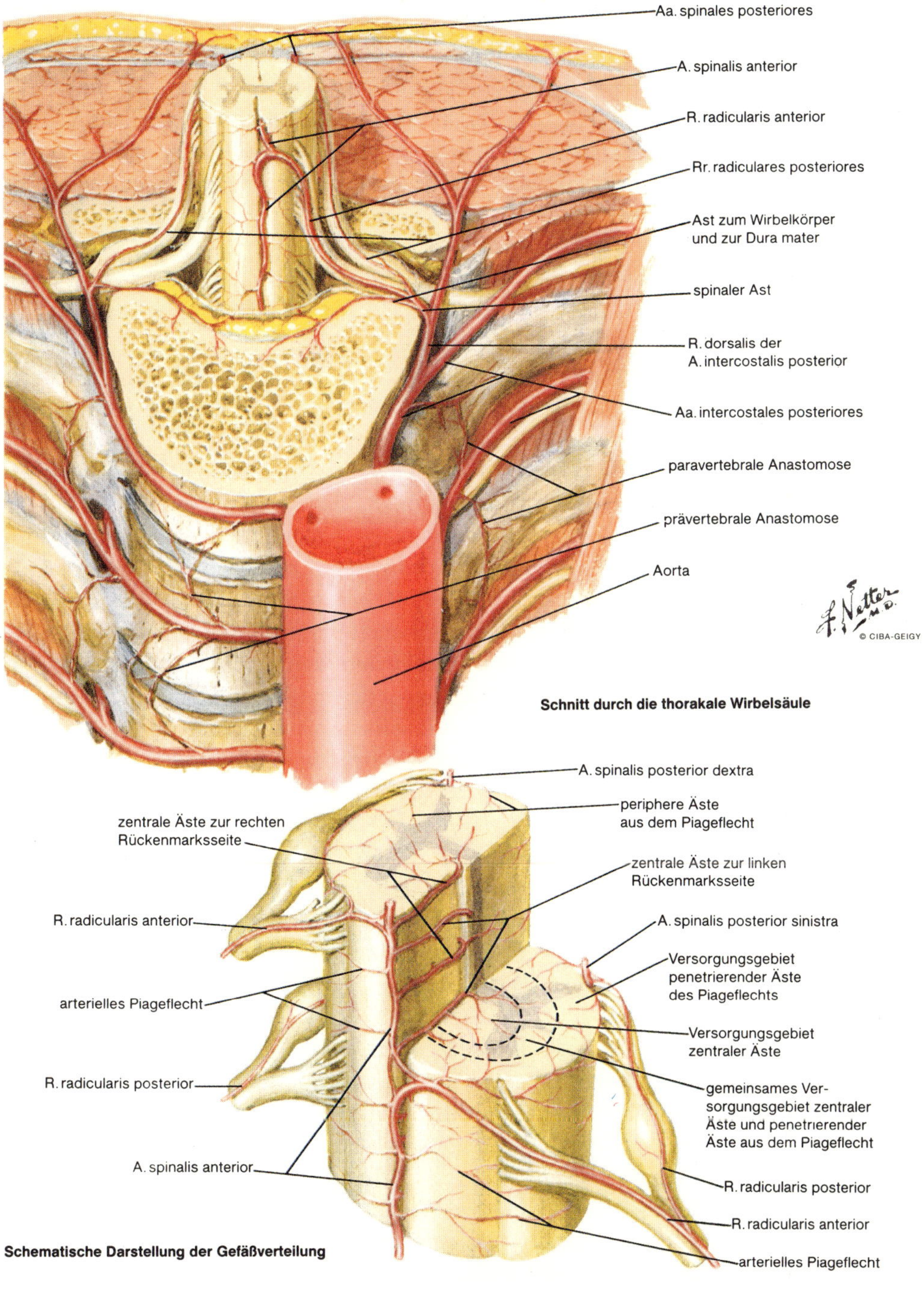


***Abbildung 3:*** *Arterielle Versorgung des Rückenmarks*

nelle aufrichtende Funktion nicht mehr ausreichend in physiologischem Rahmen erfüllen. Die ventralseitige Muskulatur wie z.B. M. biceps brachii, M. pectoralis minor, M. serratus anterior wird dagegen ständig in einem angenäherten Arbeitszustand und werden ihre Fähigkeit zur Dekontraktion (sprich sich zu dehnen) verlieren. Infolge der umschriebenen Funktionszusammenhänge bewegt sich der Patient in einer muskulären Dysbalance, was es ihm nicht gestattet, über die eingeschränkte Amplitude hinausreichende Bewegungen durchzuführen.

Bezüglich der Auswirkungen von Funktionsstörungen eines Arthrons – wiederum durch sportartspezifische stereotype Belastungsgestaltungen hervorgerufen – kommt es dazu, daß die Gelenkkapsel ebenso einseitige Impulse erfährt, was wiederum die bereits beschriebenen muskulären Dysbalancen verstärkt. Dabei kommt es als Gegenreaktion des Organismus zu Kompensations- und Schonhaltungen, die wiederum unweigerlich mit ungünstigen und unphysiologischen Gelenkmomenten verbunden sind. Droht nämlich dem Körper durch solche falschen Belastungen ein Schaden am Bewegungsapparat, wird er als erstes versuchen, die Hebelverhältnisse zu ändern und dadurch belastende Bewegungen einzuschränken. Beispielsweise gelingt dies am Kniegelenk am besten über das Hüftgelenk. Bei Adduktion, Flexion und Außenrotation der Hüfte des betroffenen Beines wird der Hebelarm und damit die Belastung für das Kniegelenk kleiner. Damit dieser »Ausgleichmechanismus« gelingt, werden der M. iliopsoas und die Adduktoren aktiviert, während Abduktoren und Extensoren (z.B. Glutaealmuskulatur) unter einem hemmenden Einfluß stehen. Ergebnis ist auch hier eine muskuläre Dysbalance mit wiederum rezidivierenden Problemen in der Wirbelsäule und den unteren Extremitäten.

Voraussetzung für eine physiologische Rehabilitation nach Gelenkverletzungen ist die genaue Kenntnis der biomechanischen Funktionsabläufe. So ist es beispielsweise bei Verletzungen des Kniegelenkes nicht ausreichend, den Patienten lediglich auf einem Stuhl zu plazieren und ihn entgegengesetzt zu den neurophysiologischen Funktionsmustern mit Gewichten arbeiten zu lassen (Abbildung 4). Aus dem Bereich der Kybernetik kennen wir die Begriffe »offenes und geschlossenes System«. Auf das Kniegelenk übertragen würde ein solches Training im offenen System aus dem Sitz heraus erfolgen. Hierbei beschreibt der Unterschenkel bei der Extension eine Außenrotation (Extension = external rotation). Durch zusätzliches Anbringen von Gewichten werden pathologisch-verstärkende Hebelwirkungen provoziert. Ein solches Training hätte zur Folge, daß Dyskinesien und muskuläre Dysbalancen den Heilungsverlauf nicht nur verzögern können, sondern auch arthrotische und degenerative Veränderungen am passiven Bewegungsapparat verursacht werden. Im geschlossenen System erreichen wir die für Alltag und Sport belastende physiologische Kinesie und die dafür erforderliche koordinierte und koaktivierte Muskelaktionsfolge. Darüber hinaus werden die auf das Gelenk eintreffenden Normal- und Reaktionskräfte schonend vorbereitet (z.B. Berg-

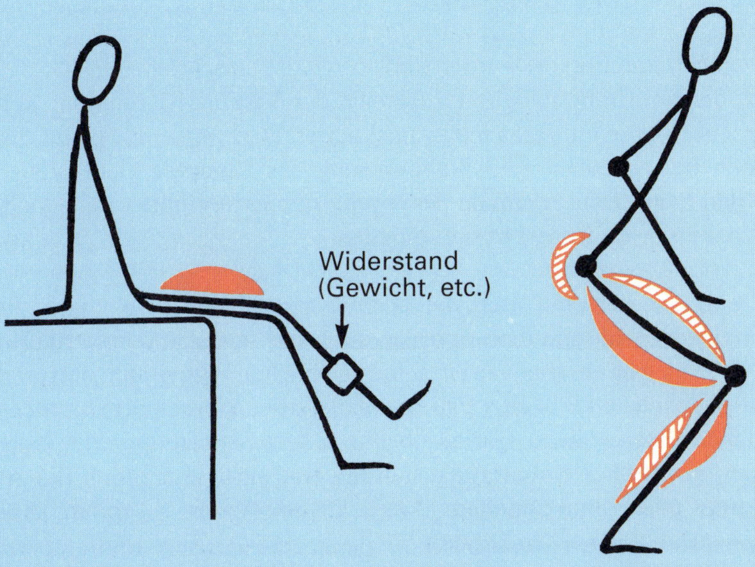


**»Offenes System«**

- Punctum fixum und Punctum mobile der Arbeitsmuskulatur gegenüber »Gebrauchsfunktion Laufen/Gehen« vertauscht
- keine funktionelle Stabilisation der Kniegelenke
- keine Kokontraktion der Antagonisten
- aufgrund des distal ansetzenden Widerstands wird Zugstreß auf das vordere Kreuzband ausgewirkt (Hebelwirkung)
- keine physiologische Propriorezeption (»neuronaler Input« verändert)

**»Geschlossenes System«**

- physiologische Muskelarbeitsweise
- Trainingseffekt auf intra- und intermuskuläre Koordination zur Verbesserung des muskulären Stabilitätsanteils
- physiologische Propriorezeption
- physiologische Kokontraktion der Antagonistengruppe (Ischiokrurale Muskulatur)

**Abbildung 4:** *Krafttraining im »offenen und geschlossenen« System im Rahmen einer Kniegelenksrehabilitation* ablauf/Treppabgehen = 4faches Körpergewicht auf Kniegelenksstrukturen). Desweiteren gelingt es, das Kniegelenk in den gesamten Bewegungsapparat mit zu reintegrieren. Dabei entstehende Druck- und Zugfaktoren dienen zur Verbesserung des Knorpelstoffwechsels sowie zur Einübung des ständigen Wechsels von konzentrischer und exzentrischer Muskelarbeit.

Zusammengefaßt kann gesagt werden, daß durch die umschriebenen Veränderungen im Bereich der Neurophysiologie, im Bereich der Vaskularisierung, im Bereich der Facettengelenke sowie im Bereich der muskulären Dysbalancen/Dysfunktionen eine ausreichende Beweglichkeit und Stabilisierung des Rumpfes nicht mehr gewährleistet werden kann. Eine optimale Bewegung der Extremitäten ist jedoch nur aus einem gut stabilisierten Rumpf heraus möglich.

Weiterhin wäre es einerseits falsch, den Nichtsportler lediglich unbedacht zum Sport zu animieren, während man dem Sportler aufgrund seiner »beschwerdefördernden Aktivitäten« vielleicht anraten würde, seine sportlichen Aktivitäten entsprechend zu reduzieren. Vielmehr muß beiden Patientenkategorien klargemacht werden, daß die umschriebenen Pathogenesen (gleich ob nun aufgrund stereotyper Alltagsmotorik oder sportartspezifischer Belastungsgestaltung ausgelöst) nur durch die Aus- bzw. Durchführung eines funktionellen Ausgleichprogramms – sprich Ausgleichsgymnastik – verhindert werden können.

So besitzt beispielsweise im Rahmen eines *»Präventiven Trainings«* das Geschmeidigmachen, das Gymnastizieren der Gelenke oberste Priorität. Wir wissen, daß die Muskulatur von der Information nicht nur aus der Wirbelsäule, sondern auch aus der Gelenkkapsel lebt. Wird man nun die Gelenkkapsel durch Schwungübungen mit Gewichten (Extremitäten-Eigenschwere) versuchen zu automobilisieren, so wird der fibröse Kapselapparat, in dem sich die schmerzbildenden Nozizeptoren befinden, gedehnt und somit die Aktivität dieser Nozizeptoren gehemmt und gleichzeitig die Aktivität der Mechanorezeptoren gefördert. Somit kommt aufgrund der Schwungbewegungen keine Störgröße aus der Gelenkkapsel in die Muskulatur, die eventuell für den Profi- wie Freizeitsportler hinderlich und somit leistungsmindernd sein kann. Im Anschluß daran empfiehlt es sich, zumindest die sportartspezifischen Muskelgruppen zu dehnen. Hierbei muß der Sportler entscheiden, welche Dehntechnik er vor einem Wettkampf, im Verlauf eines Wettkampfes zwischen einzelnen Starts bzw. Spielen oder nach einem Wettkampf (Cool-down-Phase) durchführt. Zur Vorbereitung eines Trainings oder eines Wettkampfes sollten die entsprechenden Muskeln jeweils 3mal sieben Sekunden lang angespannt werden, um jeweils anschließend für 3mal sieben Sekunden lang gedehnt zu werden. Ziel hierbei ist es, trotz Dehnungsreiz auf die Muskulatur deren natürlichen Grundtonus, den man zur Durchführung der sportartspezifischen Bewegungsabläufe braucht, nicht zu verlieren. Im Gegensatz hierzu würde eine massive Dehnung die Muskulatur vor einem Training oder Wettkampf ermüden und damit die kontraktile Fähigkeit der Muskulatur mindern. Die Mechanorezeptoren Typ III bilden desweiteren eine »Sicherungsanlage« an den Ligamenten und Sehnen des Bewegungsapparates. Zur Aktivierung dieser »Alarmanlage« sollten Sprungübungen (beispielsweise in Form von Seilspringen oder Ähnliches) das Aufwärmprogramm komplettieren, ehe der Sportler mit sportartspezifischen Bewegungsabläufen beginnt.

Kommt es nun aber zu einer schmerzenden Muskelverletzung, so sollte unmittelbar danach – um einen raschen analgetischen Effekt zu erzielen – eine kurze Eisapplikation (ca. 20 Sekunden) erfolgen. Unmittelbar danach sollte eine Kompression mit mäßigem Druck (zentraler Druck von ca. 20 Megapascal) auf die verletzte Stelle angebracht sowie eine Ruhepause von ca. 24–48 Stunden eingehalten werden. Bei der Kompression ist darauf zu achten, daß keine Stauung oder Drosselung entsteht, die Kompression gegebenenfalls lösen und sofort erneuern. Die verletzte Extremität sollte während der Ruhigstellung etwas hochgelagert werden.

An die Akutphase, die mit dem 2. Tag nach der Verletzung endet, schließt sich die Proliferationsphase an. Diese sollte neben den üblichen physikalischen Maßnahmen wie Elektrotherapie, Lymphdrainage etc. auch aktive Bewegung – bei Schmerzen als Teilbelastung – beinhalten, um die Satellitenzellen zu aktivieren. Um die autoreparativen Mechanismen wie Anlagerung von Mastzellen und Fibrin nicht zu stören, ist zu diesem Zeitpunkt von einer Eisapplikation abzuraten. Häufig ist zwischen der 2. und 3. posttraumatischen Woche ein »Ziehen« in der Muskulatur zu spüren, welches auf die Integration von Satellitenzellen zurückzuführen ist, die ihre Elastizität noch nicht erhalten haben. Diesem Ziehen sollte man auf keinen Fall mit Muskeldehnungen begegnen, da man sonst Gefahr läuft, das Regenerat zu schädigen.

Obwohl der Schmerz meist bereits nach ca. 10 Tagen abgeklungen ist – begünstigt durch Salbenverbände (z.B. mit ®Voltaren Emulgel), Injektionen, Physikalische Therapie –, ist die Proliferationsphase erst nach ca. 21 Tagen abgeschlossen. Innerhalb der gesamten Proliferationsphase ist das aktive Dehnen (Anspannen des Antagonisten = Entspannung der regenerierenden Muskulatur) dem passiven vorzuziehen. Die aktive Belastung wie PNF, Seilzüge, Leg-Press etc. in schmerzfreier Bewegungsexkursion kann zum Ende der Rehabilitationsphase forciert und ggf. durch Hocksprünge ergänzt werden. Erstmalig können solche Hocksprünge ca. 8–10 Tage posttraumatisch durchgeführt werden. Anfangs sollte der Patient von einer Stufe (15 cm), später von zwei Stufen springen und gleich einen Satz nach vorne machen. Es empfiehlt sich eine Serie von 14 Sprüngen, 3mal täglich. Die Sprünge bewirken vor allem, daß sich Quertrabekel als Stabilisatoren in der Muskulatur aufbauen. Auf ein Lauftraining sollte an solchen Tagen verzichtet werden.

# Autoren

Klaus Eder
Physiotherapeut, Krankengymnast
Eden REHA, Klinik für Rehabilitation
Lessingstraße 39–41
8405 Donaustauf

Prof. Dr. med. Frank-W. Hagena
Orthopädische Klinik und Poliklinik der Ludwig-Maximilians-Universität
Klinikum Großhadern
Marchioninistraße 15
8000 München 70

Prof. Dr. med. Heinrich Hess
Chefarzt der Orthopädischen Klinik, St. Elisabeth-Klinik
Kapuzinerstraße 4
6630 Saarlouis

Prof. Dr. med. Edward Senn
Klinik für Physikalische Medizin der Ludwig-Maximilians-Universität
Klinikum Großhadern
Marchioninistraße 15
8000 München 70

Dr. med. Klaus Steinbach
Chefarzt der Klinik Hochwald-Orthopädie
6649 Weiskirchen

Professor Dr. med. Klaus Steinbrück
Chefarzt der Sportklinik Stuttgart
Klinik für Orthopädische Chirurgie und Sportmedizin
Taubenheimstraße 8
7000 Stuttgart 50